财政部规划教材

全国中等职业学校财经类教材

物流综合实训

郑　彬　主　编
冯业骏　副主编

中国财政经济出版社

图书在版编目（CIP）数据

物流综合实训/郑彬主编．—北京：中国财政经济出版社，2011.7
财政部规划教材．全国中等职业学校财经类教材
ISBN 978 -7 -5095 -2920 -1

Ⅰ．①物…　Ⅱ．①郑…　Ⅲ．①物流 - 物资管理 - 中等专业学校 - 教材　Ⅳ．①F252

中国版本图书馆 CIP 数据核字（2011）第 101334 号

责任编辑：张　铮　　　　责任校对：李　丽
封面设计：陈　瑶　　　　版式设计：董生平

中国财政经济出版社出版

URL：http：//www. cfeph. cn
E - mail：cfeph @ cfeph. cn

社址：北京市海淀区阜成路甲 28 号　邮政编码：100142
发行处电话：88190406　财经书店电话：64033436
北京富生印刷厂印刷　各地新华书店经销
787 × 1092 毫米　16 开　6 印张　137 000 字
2011 年 7 月第 1 版　2011 年 7 月北京第 1 次印刷
定价：12.00 元
ISBN 978 -7 -5095 -2920 -1/F · 2475
（图书出现印装问题，本社负责调换）
本社质量投诉电话：010 - 88190744

编写 说明

本书是财政部规划教材，由财政部教材编审委员会组织编写并审定，作为全国中等职业学校财经类教材。

当前，我国中等职业学校物流专业教学从最初的学科体系正逐渐向以满足物流企业工作岗位需要的、立足具体岗位工作的过程转变。物流专业的课程内容及教学方法改革也正在如火如荼地进行，物流专业由于实操性很强，如何将理论应用与作业过程有机融合是中职教师责无旁贷的责任。从物流专业本身的特点来看，物流实训可分为认知实训、课程实训及综合实训三个层次，实训内容则可分为作业流程实训、岗位作业技能实训及常用物流设备操作实训三个方面。

本书根据教育部《职业教育物流专业紧缺人才培养培训教学指导方案》精神，结合中职生顶岗实习前基本执业能力培养的要求编写而成。本书由物流公司建立、仓储作业、配送作业及运输作业四个项目组成。每个项目由项目教学目标及学时建议、案例阅读、实训任务、理论回顾及课后练习等专题组成。

项目教学目标及学时建议——列明本项目教学目标及课堂教学、项目实践的学时安排建议。

案例阅读——精选案例激起学生学习兴趣，引发对本项目的思考。

实训任务——根据项目需要，针对不同基层作业岗位工作实际创设相应的实训任务。实训任务由理论回顾、模拟情境、学生训练等板块构成。

- 理论回顾——完成本任务必备的应知应会的内容。
- 模拟情境——为本任务创设实训情境，方便教师撰写实训任务书，全书围绕一个模拟公司不同场景设计情境，使学生从不同项目中能将学校所学与工作实际有机的结合起来，缩短今后工作适应期。
- 训练项目——具体的实训作业。该板块由实训目的、实训内容、实训地点、实训工具、实训过程、实训指导、实训时间、评价标准等8个方面组成。
- 课后练习——由单选、多选、判断、简答等形式的习题构成，旨在让学生在课后对相关应知理论进行巩固提高。

本书由郑彬任主编，冯业骏任副主编。其中郑彬编写项目1；胡志勇、彭攀、黄丹编写项目2；冯业骏、张琦可编写项目3；司微编写项目4。王桂姣对全书进行审稿。

本书配有多媒体课件、习题解答等助教资源，用书学校任课老师若需要，请以电子邮件的方式向中国财政经济出版社索取，E - mail：chenbing@ cfeph. cn。

由于成书时间仓促，加之编者水平有限，书中难免有不妥之处，恳请读者指正。

编　者

2011 年 5 月

目 录

项目1　建立物流公司

项目教学目标：

☐ 描述公司注册程序，会撰写基本注册文本

☐ 概述物流公司运作过程

☐ 理解物流企业相关规章制度

☐ 通过阅读物流企业员工手册，能辨识企业文化

项目教学学时建议：

课堂教学时：8 学时

项目活动与实践：8～10 学时

【案例阅读】

草根创业十五年，三级跳快通天下

1. 创业

1994 年 10 月 8 日，在杭州西湖边，几名青年人在一间简陋的民房里，凭借有限的专业知识和工作经验，开始了他们寻梦的历程——创办了“天天快递”公司。公司在创始人詹际炜的带领下，凭借着诚实守信，从“一间房、一部电话、一辆自行车”开始快递业务。1996 年，经过两年的“比诚信、比速度、比价格、比服务”的激烈市场竞争，天天快递获得了 8% 的市场份额回报，奠定了天天快递可持续发展的基础。到 1998 年已初具规模，天天快递在全国主要的城市均设立了网点。2001 年 12 月 14 日，商标“天天快递”&“TTKD”通过了国家商标局注册。

2. 打造集团运作，企业驶入快车道

天天快递在经历了创业时期的盲从与跟风之后，领悟到：快递企业创业时期的生命周期受制于网点规模，而成长期必须走规模化发展之路。公司开始建立集团化运行模式，以点带面合理配置派送运营网点，通过完善现代快递网络电子业务系统，建立了合理网络资源运营管理模式，在企业人才的凝聚和文化建设上实行三个共同体（理想共同体、利益共同体、命运共同体），导入了 CI 计划，积极进行战略调整。天天快递现有客户 25 万余家，其中世

界500强客户100多家，主要为电子产品、医药产业、高科技IT产业、货代企业、贸易公司、电子商务、进出口制造企业等。快件主要以小件包裹为主，全国从业人员超过2万人。拥有各种快件提送车、干线车辆超过6 000辆，主干线班车运输线路近400条，国内航空快件业务全线实行直达。2006年通过ISO9001质量体系认证，“天天快递”品牌被誉为“中国驰名商标”。

3. 打造企业文化，构建和谐企业

伴随着天天快递的成长，公司的价值观也逐渐形成，并通过人才战略使公司价值观得到员工认同，在此基础上形成了以企业核心价值观、企业经营理念及企业社会责任在内的企业文化，从而增强了公司凝聚力与员工创造力。

（1）核心价值观：以一流精神创品牌；为客户提供超值服务；为员工实现自我价值提供平台；为企业打造核心竞争力；为社会的高度文明和经济发展尽职尽责。

（2）经营理念：以客户的需求为导向设计与提供贴近市场的快递服务产品；以高素质的员工为客户提供优质服务；以半军事化的管理模式保证服务的质量。

（3）经营策略：以差异化定位市场，转变效益的增长方式；以个性化量身定制服务产品，为客户提供“一站式”服务。

（4）社会责任：维护快递行业公平、公正的竞争局面，不参与过度竞争、恶性竞争，实现公司与客户的双赢、公司与员工的双赢、公司与社会的双赢。

（5）劳资和谐：天天快递认为员工是公司核心竞争力最重要的创造者、体现者与执行者，公司以员工为本，通过不断的优化和谐的人际环境、人性化的工作环境与团队的协作环境，并通过各种形式的培训为员工提供提升自身价值的平台。

天天人在短短十几年时间通过自己努力，从小到大艰苦创业过程是我国民族物流企业发展壮大缩影，为我们树立了学习榜样。

案例思考：

（1）天天快递创业初期成功的“法宝”是什么？

（2）其独特的经营理念与策略特点是什么？

任务1　建立物流公司

一、理论回顾

（一）物流企业

物流企业是指至少从事运输（含运输代理、货物快递）或仓储一种经营业务，并能够按照客户物流需求对运输、储存、装卸、包装、流通加工、配送等基本功能进行组织和管理，具有与自身业务相适应的信息管理系统，实行独立核算、独立承担民事责任的经济组织。

1. 物流企业的法律地位

物流企业在实际经营活动中通过与客户订立物流服务合同，为客户提供契约物流服务。

根据服务合同约定不同，物流企业所承担的责任与地位也不同，常见的有以下几种类型：

（1）全部责任型合同。全部责任型物流合同是指物流企业以其法人身份与客户直接订立物流服务合同。这类合同中，物流企业对物流服务的全过程负责，负责或组织按时交接货品、保证物流活动中货品的完好率等在内的全部物流服务质量。

（2）部分责任型合同。部分责任型物流合同是指物流企业以其法人身份参与客户订立的物流服务活动中一个或一个以上环节的实际操作合同。这类合同中，物流企业仅对自己所承担的那部分服务质量负责。

（3）物流服务分包商合同。物流服务分包商合同是指物流企业以其法人身份参与自己不承担环节的其他物流企业订立分包、分运合同。这类合同中，物流企业既是发货人又是收货人。对货主客户而言该企业对货品交接时间及货品质量负全责，将自己不参与承担环节的物流服务责任移交给分包合同订立者。

（4）物流服务总发包商合同。物流服务总发包商合同是指物流企业以其法人身份参与全程所需要涉及的各方订立相应的合同或协议。在这些合同、协议中，物流企业均是作为发货方出现。

2. 物流企业类型

根据物流企业以某项服务功能为主要特征，并向物流服务其他功能延伸的不同状况，划分物流企业类型。

（1）运输型物流企业。运输型物流企业是指以提供货物运输服务为主要业务活动的物流企业。运输型物流企业应同时符合以下要求：

- 以从事货物运输业务为主，包括货物快递服务或运输代理服务，具备一定规模；
- 可以提供门到门、门到站、站到门、站到站运输服务和其他物流服务；
- 企业自有一定数量的运输设备；
- 具备网络化信息服务功能，应用信息系统可对运输货场进行状态查询、监控。

（2）仓储型物流企业。仓储型物流企业是指以提供仓储服务为主要业务活动的物流企业。仓储型物流企业应同时符合以下要求：

- 以从事仓储业务为主，为客户提供货物储存、保管、中转等仓储服务，具备一定规模；
- 企业能为客户提供配送服务以及商品经销、流通加工等其他服务；
- 企业自有一定规模的仓储设施、设备，自有或租用必要的货运车辆；
- 具备网络化信息服务功能，应用信息系统可对货物进行状态查询、监控。

（3）综合服务型物流企业。综合服务型物流企业是指以提供多种物流服务业务活动的物流企业。综合服务型物流企业应同时符合以下要求：

- 从事多种物流服务业务，可以为客户提供运输、货运代理、仓储、配送等多种物流服务，具备一定规模；
- 根据客户的需求，为客户制定整合物流资源的运作方案，为客户提供契约性的综合物流服务；
- 按照业务要求，企业自有或租用必要的运输设备、仓储设施及设备；
- 企业具有一定运营范围的货物集散、分拨网络；

- 企业配置专门的机构和人员，建立完备的客户服务体系，能及时、有效地提供客户服务；
- 具备网络化信息服务功能，应用信息系统可对物流服务全过程进行状态查询和监控。

（二）物流企业市场准入条件

在我国，一般物流企业进入市场的准入条件很低，只要具备相应的经营场所、必要的经营条件、人员及与之相适应的物流技术等。另外，我国的公司法对不同行业的公司分别规定了不同的最低注册资本限额。具体讲，服务型的物流企业成立为有限责任公司形式的，其最低注册资本为 10 万元（《公司法》第二十三条）。

如果注册的物流公司的经营项目中含有危险货物运输服务，则该类企业的准入条件必须按《道路危险货物运输管理规定》（以下简称《规定》）中要求的条件审批。

《规定》要求危险货物运输服务企业必须建立完善的安全管理制度，并且自有车辆要达到 5 辆以上，车辆的技术等级必须达到一级，技术状况要符合相关国家强制标准，罐式车辆必须经过质量检验部门检验合格，同时要具备相应的停车场地和通讯、安全防护、环境保护和消防等设施设备。《规定》要求，道路危险货物运输驾驶人员、装卸管理人员、押运人员都必须经设区的市级交通主管部门考试合格，发放统一的“从业资格证”，其他证件一律无效。该类企业须经省级及以上主管机关审批。

另外，从事特殊物流服务的企业（如海上运输业务、空运销售代理业务、航空快递业务），必须经过主管机关（交通部、民航行政主管部门、民航总局、国务院对外贸易合作主管部门）的审批才能进入市场，从事相关物流经营活动。

> **小贴士**
>
> **《公司法》对不同行业公司的注册资金的规定**
>
> 《公司法》对不同行业的公司分别规定了不同的最低注册资本限额。具体来讲，以生产经营或商业批发为主的公司，人民币 50 万元；以商业零售为主的公司，人民币 30 万元；科技开发、咨询、服务性公司，人民币 10 万元。

（三）物流企业设立登记步骤

物流企业设立是指物流企业的设立人为使企业具备从事物流活动的能力，取得合法的主体资格，依照法规规定的条件和程序所实施的一系列行为。

1. 设立物流企业必须具备实质要件

实质要件是指设立物流企业时必须具备的条件，即要有与从事物流经营活动相适应的生产经营条件、物流企业运营的组织机构、固定的生产经营场所、人员、物流技术及注册资金等。实质要件与上面提到的市场准入相关联。

2. 物流企业设立方式

我国的物流企业设立方式一般有核准设立与准则设立两种。

（1）核准设立。又称“许可设立”，即设立企业时，除需要具备法律规定的各项条件外，还需要主管行政机关审核后，才能申请登记注册的一种设立方式。例如，从事危险品物流业务、海上运输业务、空运销售代理业务、航空快递业务等物流企业的设立，属于核准设立。

（2）准则设立。又称“登记设立”，即设立企业不需要经有关主管行政机关批准，只要企业在设立时符合法律规定的有关成立条件，即可到主管机关申请登记，经登记机关审查合格后予以登记注册，企业即告成立的一种设立方式。例如，从事一般物流服务的物流企业。

3. 设立物流企业应具备的条件

设立物流企业应具备如下条件：

（1）成立经营管理机构、公司章程和具有企业法人资格的负责人；

（2）具有一定资信或令人信服的担保，确保物流企业开出的服务单证作为有价证券的流通性；

（3）具有与经营能力相适应的自有资金，确保开展物流活动所需的流动资金和赔偿能力；

（4）物流企业必须具备承担服务合同中所要求的相关物流技术，保证合同的正确履行和承担相应服务的履约能力。

4. 我国物流企业设立的步骤

我国物流企业常见的类型有合伙公司、有限责任公司、有限责任股份公司等几类，其设立步骤为：

（1）设立步骤。

①工商登记。登记步骤如下：

第一步，在拟办企业所在地区区（县）工商管理局领取申请表格。

第二步，查询拟办企业名称。设立有限责任公司，首先应当由全体股东指定代表或者共同委托代理人向公司登记机关申请名称预先核准，对于符合规定准予使用的名称，公司登记机关发给公司《企业名称预先核准通知书》。预先核准的名称保留期为6个月。申请名称预先核准请查阅“企业名称登记”部分。

《企业名称预先核准通知书》在公司名称保留期内，供公司开设临时银行账户、股东存入其货币出资后，公司到验资机构办理验资证明使用。公司在申请设立登记时，应当将该《企业名称预先核准通知书》的原件交回公司登记机关。

如果其他有关部门需要公司提交《企业名称预先核准通知书》的，公司可向登记机关申请在该《企业名称预先核准通知书》复印件上加盖登记机关印章，向有关部门提交该复印件。

第三步，由会计事务所验资；

第四步，准备文件（参见私营企业开业所需文件）；

第五步，向工商管理局提交公司注册申请表并准备的文件，审批执照；

第六步，工商管理局颁发执照。

②刻制图章，凭工商执照刻制公章、法人章、财务章。

③申请企业代码证，凭工商执照介绍信去技术监督局办理企业代码证书。

④税务登记。税务登记步骤如下：

第一步，在企业所在地银行就近开立银行账户；

第二步，向企业所在地区县税务局申领税务登记申请书；

第三步，向税务局提交税务登记申请书并准备相应的文件；

第四步，税务局审核后颁发税务登记证；

第五步，领购发票。

（2）物流公司注册登记所需的文件：

①申请人身份证明。独资经营的提供本人身份证明，合伙经营的提交合伙各方的身份证明，有限责任公司提供股东的法人资格证明。下列人员还应提交专项证明：

第一步，城镇待业人员提交街道劳动管理部门出具的待业证明；

第二步，离退休人员提交离退休证件；

第三步，外地人员提交公安部门的暂住证；外地育龄妇女应提交本市所在地区计划生育部门出具的计划生育证明；

第四步，停薪留职人员和企事业富余人员提供本单位同意经营的证明及协议；

注：有限责任公司因《公司法》和《公司登记管理条例》另有规定的除外。

②公司场地使用证明。公司场地是租赁用房的，需提交房主的《房屋产权登记证》的复印件或有关房屋产权归属的证明文件、使用人与房屋产权所有人直接签订的房屋租赁协议书或合同（合同租赁期必须在一年以上）；公司的住所是股东作为出资投入并作公司住所使用的，则提交股东的《房屋产权登记证》或有关房屋产权证明的文件及该股东出具的证明文件。

③验资证明。验资证明是会计事务所或审计事务所出具的资金证明的文件。法定验资机构出具的验资证明是表明公司注册资本真实、合法的证明。具有法定资格的验资机构应是经工商行政管理机关登记注册的会计师事务所或审计事务所。验资证明由验资报告及附件组成。验资报告应明确载明公司名称、股东姓名、出资方式、出资额、公司在银行开设的临时账户、股东缴纳出资情况等，验资报告须由注册会计师签字或者盖章、会计师事务所或者审计事务所加盖公章后方为有效。验资证明的附件包括银行出具的入资凭证、验资机构的执照复印件等。以实物、工业产权、非专利技术或者土地使用权出资的，应在验资报告中载明相关内容，在附件中附以相关的权利证明等文件，并应同时提交经注册的资产评估事务所出具的资产评估报告。

④申请经营国家有关专项规定的行业，应提交有关部门的审批证件，物流企业主要有：

- 申请运输业应出具运输管理部门提交的经营许可证明（包括车牌照、驾驶执照、保险凭证）；
- 申请从事资源开采、建筑设计、施工、交通运输、食品生产、药品生产、印刷、旅店、外贸、计量器具制造等行业生产经营的私营企业，应当按照国家有关规定提交有关部门的审批证件。

⑤合伙企业申请登记时，应提交合伙人的书面协议，合伙人的书面协议应载明合伙人的出资形式、出资数额、盈余分配、债务承担，入伙、退伙、合伙终止等事项。

⑥有限责任公司注册申请登记时，应提交公司章程。包括下列事项：公司名称和住所；公司经营范围；注册公司资本；股东的姓名或者名称；股东的权利和义务；股东的出资方式和出资额；股东转让出资的条件；公司的机构及其产生办法、职权、议事规则；公司的法定代表人；公司的每年事由与清算办法；股东认为需要规定的其他事项。

⑦技术资格证明。私营企业应提供与经营范围有关的主要专业人员（包括会计、技术人员等）的技术资格证明，法律法规另有规定的除外。有限责任公司设立登记，应向公司登记主管机关提交下列文件：

- 公司董事长或执行董事签署的《公司设立登记申请书》。《公司设立登记申请书》由申请人到公司登记机关领取，并按要求填写。
- 全体股东指定代表或者共同委托代理人的证明。它是指全体股东在股东成员中指定某个成员作为到公司登记机关申请设立登记的代表，或者全体股东共同委托股东以外的人来代理股东进行申请登记注册活动的证明文件。该文件的形式应是委托书，该委托书应由全体股东盖章或者签字。股东是法人的应加盖印章，股东是自然人的，应签署姓名。委托书应附有被委托人的身份证复印件。

公司章程。公司章程是公司设立的重要文件，其内容应齐备，符合《公司法》规定的各项要求。《公司法》第二十二条规定有限公司章程应当载明的事项有十一项，股东应当在公司章程上签名、盖章。

二、模拟情景

小张与小李是某中职学校物流专业毕业生，毕业后两人一同去沿海城市打工，他们先后在多家物流公司工作，由于他们肯吃苦加上优秀的职业素养先后成为公司中层管理人员。一天通过阅读报纸小张得知，他们的家乡已经被国务院批准为两型社会试验区，中部发展战略将推动家乡的物流业发展，在与小李商量后两人决定利用毕业后几年在各类物流公司所积累的实践知识回家乡创业。

想一想：

（1）请你帮小张、小李出出主意，建议他们应该怎样创业？

（2）请你邀请同学按照你出的主意，模拟成立创业团队。

三、训练项目：公司注册

（一）实训目的

（1）能依据行业说明物流分类；
（2）能依据技术水平说明物流分类；
（3）能依据服务对象说明物流分类；
（4）能依据商品产地说明物流分类；
（5）能依据供应链说明物流分类；
（6）知道物流公司注册需要准备的资料及注册步骤。

（二）实训内容

（1）准备物流公司成立所需要的文件；
（2）确定公司经营范围；
（3）公司注册过程。

（三）实训地点

具有 Internet 的多媒体教室或实训室。

（四）实训工具

计算机、投影仪、笔及白纸。

（五）实训过程

（1）学生分组，5～6 人一组，自选组长；

（2）模拟为自创的物流公司命名与定位；

（3）准备公司注册所需的材料（租房协议、验资证明、公司章程等须提前准备）；

（4）设计该公司的经营理念与描述内涵；

（5）制作 PPT；

（6）各组派代表演讲。

（六）实训指导

（1）讲解物流公司选址规划特点；

（2）讲解物流公司设立所需要办理手续；

（3）具体介绍一个物流公司命名及经营理念确定；

（4）指导学生分组、制作 PPT 及演讲。

（七）训练时间

本训练项目需要 6～8 学时。

（八）评价标准

模拟注册物流公司所需文件要齐全，设计的企业经营理念必须符合物流特性及简单扼要。评价标准如表 1－1 所示。

表 1－1　公司注册训练评价表

评价等级	评价标准
优	• 能在规定时间内独立准备好注册所需文件，文件格式正确； • 完成企业经营理念设计并流利讲解。
良	• 能在规定时间内独立准备好注册所需文件； • 能在规定时间内独立完成企业经营理念设计。
合格	• 能在教师帮助下完成企业注册所需文件及经营理念设计。

任务2 物流公司制度建设

一、理论回顾

（一）物流管理部门工作职责

1. 目标

以最快的速度、最好的服务和最小的成本，完成物流运输、仓储任务，满足客户的需求。

2. 物流管理部门的工作职责

（1）制度建设。

①拟订企业物流战略规划与年度计划；

②制定物流部门管理制度。

（2）组织管理。

①进行公司组织构建、调研以及人才储备的工作；

②制定业务部门和人员岗位职责；

③监督、检查、指导业务部门的管理工作。

（3）采购管理。

①编制采购管理制度；

②进行采购计划管理；

③进行采购认证管理；

④进行采购绩效管理；

⑤进行采购与招投标管理。

（4）运输管理。

①编制运输管理制度；

②进行装卸搬运管理；

③进行配送管理。

（5）仓储管理。

①编制仓储管理制度；

②进行仓库出入库管理。

（6）库存控制。

①编制库存管理制度；

②进行库存成本管理。

（7）成本管理。

①编制物流成本管理制度；

②进行物流成本预算管理；

③进行物流成本控制管理。

（8）客户管理。

①编制客户管理制度；

②建立客户档案；

③进行客户管理与维护。

（9）信息管理。

①编制信息管理制度；

②对物流信息进行搜集、整理和分析。

（二）组织建设与管理

1. 物流企业组织设计原则

（1）任务目标原则。任何组织及其构成部分都有特定的任务和目标，其调整、增加、合并或取消都应以对实现目标有利为衡量标准。

（2）分工协作原则。要做到分工合理、协作明确。对于每位员工的具体工作内容、工作范围、相互关系、协作方法等，都要有明确的规定。应尽可能地按专业化的要求来设计组织。

（3）命令统一原则。命令统一原则的实质，就是在物流管理工作中实行统一领导，建立严格的责任机制，消除多头领导或无人领导的现象，保证全部物流活动的有效领导和正常运行，公司实行首长负责制。

（4）管理幅度原则。管理幅度原则也叫管理跨度，它是指一个物流管理人员直接而有效地领导与指挥的下属人数。当直接指挥的下级数目呈算术级数增长时，物流经理需要协调的关系呈几何级数增长。

影响管理幅度变量的六个因素：职能的相似性、地区的相近性、职能的复杂性、指导与控制的工作量、协调的工作量、计划的工作量。

（5）集权和分权相结合原则。集权就是权利相对集中于物流经理，由物流经理统管企业的物流活动。这种模式具有统一领导、有利于协调组织各项活动、减少开支等特点。

（6）责权相对应原则。有了物流分工，就意味着明确了职务，承担了责任，就要有与职务和责任相等的权利，享有相应的利益。这就是职、权、利相对应的原则。这个原则要求职务要实在、责任要明确、权利要恰当、利益要合理。

有权无责（或权大责小）容易产生官僚主义；有责无权（或责大权小）会束缚物流管理人员的积极性、主动性和创造性，使物流管理组织缺乏应有活力。

（7）精干高效原则。精干高效，既是企业物流组织设计原则，又是企业运转的要求。效能包括工作效率和工作质量，队伍精干是提高效能的前提。精干原则要求**人人有事干、事事有人管、保质又保量、负荷都饱满。**

（8）稳定性与适应性原则。物流组织是保证企业物流工作正常运行的重要机构，应当保持相对的稳定性。物流组织是企业实现物流战略的工具，而物流战略是要随着内外条件的变化而发展的。因此，企业物流组织又应当与物流战略保持一致的适应性。

企业同时具备适应性和稳定性是有一定矛盾的。这一原则就是要求两者能够恰当地统一起来。强调物流组织的适应性，并不是不要稳定性，而是把稳定性作为基础来看待。贯彻这一原则应该是在保持稳定性的基础上进一步加强和提高物流组织的适应性。

2. 物流企业组织设计方法

（1）物资部门化。物流管理的对象是物资，因此物流经理可采用物资部门化的方法来设计物流组织，如图1－1所示。这种结构适用于物流业务简单，物资品种较少，物资调入、调出量大的企业。

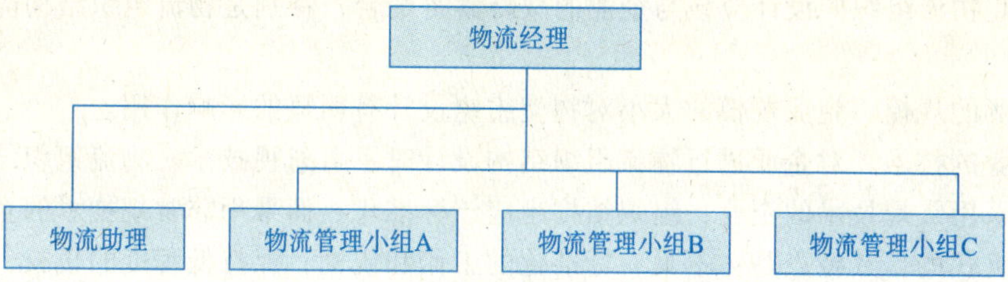

图1－1 物资部门化物流组织结构图

（2）客户部门化。客户部门化物流组织结构如图1－2所示。这种结构适合于流通企业。

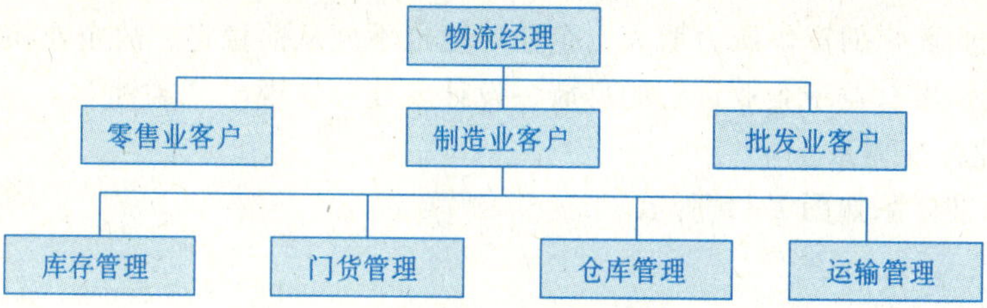

图1－2 客户部门化物流组织结构图

（3）地理位置部门化。地理位置部门化物流组织结构如图1－3所示。此结构适合于项目化服务的物流企业。

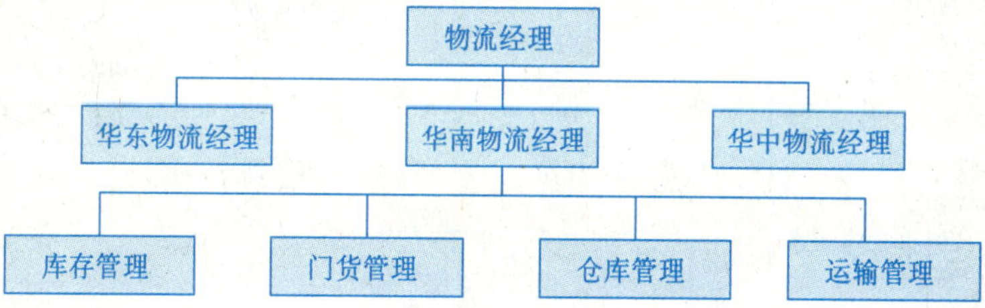

图1－3 地理位置部门化物流组织结构图

（4）职能部门化。物流组织设计的职能部门化方法一般是按物流活动的构成要素来划分的，如图1－4所示。

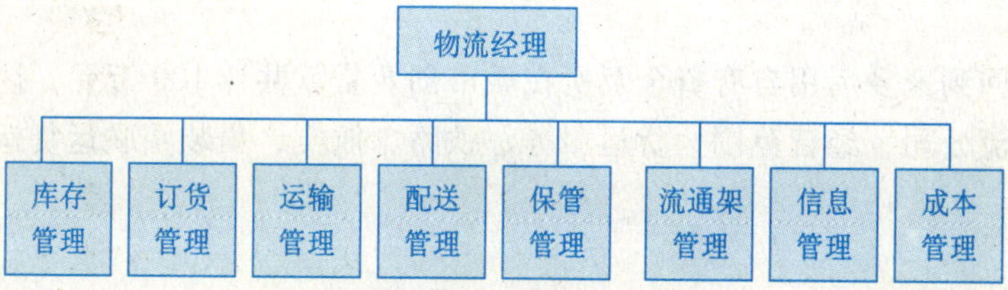

图1－4 职能部门化组织结构图

3. 影响物流企业组织设计的因素

(1) 企业所属类型。不同类的企业，物流管理的侧重点不同，物流组织的设计也各有特点。

(2) 企业的战略。企业组织是帮助企业管理者实现管理目标的手段。目标产生于组织的总战略，因此物流组织的设计应该与企业的战略紧密配合，特别是物流组织结构应当服从企业战略。

(3) 企业的规模。企业规模的大小对物流组织设计有明显的影响作用。

(4) 企业的技术。对企业进行物流组织结构设计时不可忽视技术对物流组织结构提出的要求，越是采用常规技术的企业，组织结构越应该标准化；而采用非常规技术的企业，其结构应该是有机式的，其特点是：不具有标准化的工作和规则，保持低程度的集权，松散灵活且具有高度适应性，能根据需要迅速地作出调整。

(5) 企业的环境。企业环境也是组织设计的一个主要影响力量。从本质上讲，稳定的企业环境，采用机械式组织较为有效；而动态的、不稳定的环境，则采用有机式组织形式更佳。由于现今企业面临的竞争压力增大，企业环境也不似从前稳定，故企业物流组织应该能够对环境的变化作出有益于企业运行的反应，设计要充分体现出“柔性”。

4. 物流企业标准体系

物流企业标准体系如图 1－5 所示。

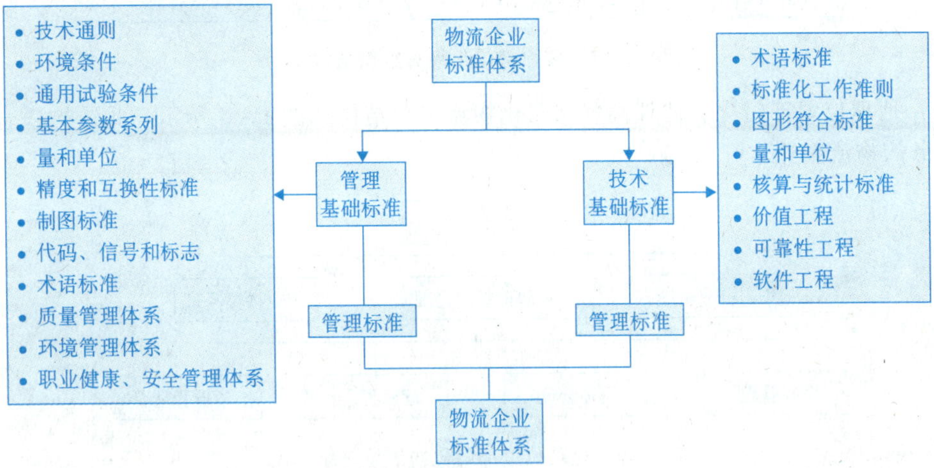

图 1－5　物流企业标准体系

二、模拟情景

小张与小李回到家乡后用自有资金及所在城市创业贷款共计 100 万元，注册了一家物流公司——迅捷物流公司，经营范围为货运服务、铁路、航空、集装箱联运货运代理。

想一想：

(1) 请你继续为小张、小李出主意，确定其经营项目。

(2) 你认为迅捷的公司机构应该如何设置?

三、训练项目：物流企业机构设置及岗位职责制定

(一) 实训目的

(1) 概述企业组织设计的基本原则；
(2) 能依据常见组织机构说明其特点；
(3) 知道物流企业组织机构设计常用方法；
(4) 理解影响企业组织机构设计因素对组织机构的影响；
(5) 能运用所学说明物流企业标准体系的结构及特点。

(二) 实训内容

(1) 确定迅捷物流公司的经营范围；
(2) 画出为迅捷物流公司设计的组织框图；
(3) 说明设计依据及意图。

(三) 实训地点

具有 Internet 的多媒体教室或实训室。

(四) 实训工具

计算机、投影仪、笔及白纸。

(五) 实训过程

(1) 学生分组，5 ~ 6 人一组，自选组长；
(2) 模拟为迅捷物流公司确定经营范围；
(3) 画出该公司的组织结构图；
(4) 确定主要管理岗位；
(5) 拟订岗位职责；
(6) 制作 PPT；
(7) 各组派代表说明设计意图。

(六) 实训指导

(1) 讲解典型的物流企业组织结构；
(2) 讲解物流公司关键业务岗位人员工作职责；
(3) 讲解影响物流公司组织结构设计的主要因素；
(4) 指导学生分组、制作 PPT 及演讲。

(七) 训练时间

本训练项目需要 6 ~ 8 学时，其中理论教学 2 ~ 4 学时，学生实训 2 ~ 4 学时。

（八）评价标准

公司组织框架图清晰正确，组织结构设计与企业经营项目相吻合，主要岗位职责准确可测。评价标准如表 1－2 所示。

表 1－2　　公司注册训练评价表

评价等级	评价标准
优	• 能在规定时间内独立完成组织机构框图绘制、主要岗位职责、PPT 说明课件编制与制作，文件格式正确； • PPT 说明课件图文并茂，机构组织结构逻辑性强等。
良	• 能在规定时间内独立完成组织机构框图绘制、主要岗位职责、PPT 说明课件编制与制作。
合格	• 能在教师帮助下完成组织机构框图绘制、主要岗位职责、PPT 说明课件编制与制作。

课后作业

一、单项选择题

1. （　　）是指物流企业用其法人身份与客户直接订立物流服务合同。

A. 全部责任型合同　　B. 部分责任型合同

C. 物流服务分工合同　　D. 物流服务总发包商合同

2. （　　）是指以提供货物运输服务为主要业务活动的物流企业。

A. 保管型物流企业　　B. 运输型物流企业

C. 仓储型物流企业　　D. 综合服务型物流企业

3. 根据公司法，服务型的物流企业成立为有限责任公司形式的，其最低注册资本为（　　）。

A. 50 万元　　B. 40 万元　　C. 10 万元　　D. 5 万元

4. （　　）除需要具备法律规定的各项条件外，还需要主管行政机会审核后，才能申请登记注册的一种设立方式。

A. 标准设立　　B. 准则设立　　C. 申请设立　　D. 单位设立

5. （　　）是指物流企业用本法人的身份参与自己不承担环节的其他物流企业订立分包、分运合同。

A. 全部责任型合同　　B. 部分责任型合同

C. 物流服务分工合同　　D. 物流服务总发包商合同

二、多项选择题

1. 根据服务合同约定不同，物流企业所承担的责任与地位也不同，常见的有以下（　　　）几种类型。

A. 全部责任型合同　　B. 部分责任型合同
C. 物流服务分工合同　　D. 物流服务总发包商合同

2. 根据物流企业以某项服务功能为主要特征，并向物流服务其他功能延伸的不同状况，物流企业划分为（　　）。

A. 保管型物流企业　　B. 运输型物流企业
C. 仓储型物流企业　　D. 综合服务型物流企业

3. 下列属于物流企业组织设计的原则有（　　）。

A. 任务目标原则　　B. 分工协作原则
C. 命令统一原则　　D. 管理幅度原则

4. 影响管理幅度变量的因素有（　　）等。

A. 职能的相似性　　B. 地区的相似性
C. 职能的复杂性　　D. 指导与控制的工作量

5. 影响物流企业的组织设计的因素有（　　）。

A. 企业所属类型　　B. 企业的战略
C. 企业的规模　　D. 企业的技术
E. 企业的环境

三、判断题

1. 从事刨除品物流业务、海上运输业务等物流企业的设立，属于准则设立。（　）
2. 企业物流组织应能够对环境的变化做有益于企业运行的反应，设计要充分体现出“柔性”。（　）
3. 实质要件是指设立物流企业时必须具备的条件。（　）
4. 管理跨度是指一个物流管理人员直接而有效地领导与指挥的下属人数。（　）
5. 企业规模的大小对物流组织设计无明显的影响作用。（　）

四、简答题

1. 简述综合服务型物流企业应同时符合哪些要求？
2. 简述设立物流企业应具备哪些条件？
3. 简述物流管理部门的工作职责。

项目2 仓储作业

项目教学目标：

□ 描述商品质量检验中需要注意的问题

□ 概述堆码作业的过程

□ 了解储位指派

□ 介绍整仓作业的作业流程

□ 概述补货作业的流程

项目教学学时建议：

课堂教学时：32 学时

项目活动与实践：8～10 学时

【案例阅读】

仓库堆放货物的垛型和开垛

小王中专毕业应聘至某仓库保管员，不久，他管理的库房到了一批五金商品，该商品用50 厘米×20 厘米×20 厘米规格的木箱包装，重 30 公斤，人力资源部张主管正好借用该机会对其独立工作进行考核，于是张主管便问小王，现有 5 米×4 米仓库货位，问该货位能堆放多少箱五金件？可采用怎样的垛型？如何开垛？小王想了想问张主管，库房地面单位面积的承重是多少？张主管经电话联系技术部后，告诉小王，该库房地面单位承重为 2 吨/平方米。于是小王很快就心算出结果：

该五金商品应采用纵向为 10 箱、横向为 20 箱、高为 6 层的货垛。

想一想：

（1） 小王的计算结果对吗？

（2） 小王采用的是何种垛型？

参考答案：

1. 根据仓库货位，可求得长度方向可放五金商品为：5/0.5 = 10 箱；
2. 宽度方向可放：4 ÷ 0.2 = 20 箱；
3. 堆高层数为：10 × 20 × n 层 × 0.030 ÷ 5 × 4 = < 2 吨/平方米；
   得 n = < 6.67 层，取 6 层；
4. 能放：10 × 20 × 6 = 1200 箱。

任务1　商品检验作业

一、理论回顾

（一）商品检验

商品检验是指商品的产方、买方或者第三方在一定条件下，借助于某种手段和方法，按照合同、标准或国内外有关法律、法规、惯例，对商品的质量、规格、重量、数量、包装、安全及卫生等方面进行检查，并作出合格与否或通过验收与否的判定或为维护买卖双方合法权益，避免或解决各种风险损失和责任划分的争议，便于商品交接结算而出具各种有关证书的业务活动。

（二）商品检验的类型

（1）按检验目的的不同，通常可分为生产检验、验收检验和第三方检验等三种。

（2）接受检验商品的数量不同，可分为全数检验、抽样检验和免于检验。

（3）按商品内、外销售情况，有内销商品检验和进出口商品检验两种。

（三）商品检验的方法

1. 抽样检验的类型

抽样方法大体上可分为百分比递减法和计数抽样法两类。百分比递减法是历来各国较为普遍采用的抽样方法，我国从 1992 年开始，对部分商品采用计数抽样法，并且不断地扩大其应用范围。

2. 抽样检验的方法

目前广泛采用随机抽样，即整批商品中的每一件商品都有同等被抽取的机会，抽样者按照随机的原则、完全偶然的方法去抽取样品，比较客观，适用于各种商品的抽样，常用的拣样方法有以下几种：简单随机拣样法、分层随机抽样法、多段随机拣样法、系统随机拣样法。

3. 商品质量检验的方法

商品质量检验的方法很多，通常分为感官检验、理化检验、生物学检验法等几个方面。

（四）商品检验的内容

1. 品质检验

品质检验是根据合同和有关检验标准规定或申请人的要求对商品的使用价值所表现出来的各种特性、运用人的感官或化学、物理的等各种手段进行测试、鉴别，包括外观品质和内在品质的检验。

2. 规格检验

规格检验是根据合同和有关检验标准规定或申请人的要求对商品的规格（如体积、容积、面积、粗细、长度、宽度、厚度等）方面的差别进行检验。商品规格是确定规格差价的依据。

由于商品的品质与规格是密切相关的两个质量特征，因此，贸易合同中的品质条款中一般都包括了规格要求。

3. 数量和重量检验

数量和重量检验是根据合同和有关检验标准规定或申请人的要求对商品的个数、件数、双数、打数、令数、长度、面积、体积、容积和重量等的检验。主要方法有点件法、抽验法及检斤换算法等方法。

数量验收的具体方法有如下几种：

（1）点件法：是指逐件清点，一般适合散装的或非定量包装的物资。

（2）抽验法：是指按一定比例开箱点件的验收方法，适合批量大、定量包装的物资。

（3）检斤换算法：是指通过重量过磅换算该物资的数量，适合物资标准和包装标准的情况。

4. 精度验收

精度验收主要包括仪器仪表精度和金属材料尺寸精度检验两个方面。对于仪器仪表精度的检验，除简易的指标在仓库验收时检验外，一般专门由质检部门检验或厂方负责质量检验，仓库免检。

金属材料的尺寸精度检验是仓库的一项十分重要的工作。金属材料的尺寸，分为公称尺寸和实际尺寸两种。

小资料

公称尺寸与实际尺寸

- 公称尺寸：公称尺寸是指国际标准和部版标准中规定的名义尺寸，即在生产过程中希望得到的理想尺寸。
- 实际尺寸：实际尺寸是指在验收中直接测得的长、宽和直径的尺寸。
- 尺寸精度：尺寸精度用公称尺寸与实际尺寸的差异范围来表示，包括偏差和公差。

5. 包装质量检验

商品包装本身的质量和完好程度，不仅直接关系着商品的质量，还关系着商品数量和重量。一旦出现问题时，是商业部门分清责任归属、确定索赔对象的重要依据之一。商品在交接过程中，特别要注意外包装是否完好。

小资料

常见外包装的异状情况

(1) 人为地挖洞、开缝。通常是被盗窃的痕迹。

(2) 水渍、潮湿。通常是指雨淋水湿或物资本身出现潮解、渗漏的现象。

(3) 污染。一般是由于配装不当而引起的物资间的相互玷污。

(4) 包装破损。由于包装结构不良或包装材质不当或装卸过程中乱摔、乱扔、碰撞等造成的包装破损。

(5) 其他情况。凡是合同上订明包装规定的，应按规定进行验收。

6. 安全、卫生检验

商品安全检验是指电子电器类商品的漏电检验，绝缘性能检验和X光辐射等。商品的卫生检验是指商品中的有毒有害物质及微生物的检验。如食品添加剂中砷、铅、镉的检验，茶叶中的农药残留量检验等。

（五）验收中应注意的问题

(1) 凡必要的证件不齐时，保管人员可对已到库物资作待检验处理，进行临时妥善保管，待证件齐全后再进行验收。但保管人员应及时与有关方面联系，催促办理。

(2) 供货单位提供的质量证明书，与规定的技术标准或与订货合同不符时，应立即通知货主，由货主与供货方交涉解决。

(3) 当规格、质量和包装不符合要求时，保管人员可先验收合格品；不合格部分应单独存放并进行查对，核实后将不合格情况以及残损、降级程度做出记录，提供给货主向供货方交涉处理。在交涉期间，保管人员对不合格部分应妥善保管。

(4) 当重量发生溢、缺时，在规定的“衡器公差”以内，保管人员可按实际验收重量验收，超过规定的“衡器公差”时，应进行核实并做出验收记录和磅码单，交货主向供货方交涉处理。

(5) 有关证件已到齐，但在规定时间内物资尚未到库的，保管人员应及时向有关方面查问处理。

(6) 进口物资在订货合同上均规定有索赔期限。例如，机械、电气仪表、车辆等，除索赔期外，还订有使用保证期。

二、模拟情景

小张、小李是新雅物流公司仓库中负责收货的员工，8月25日新雅物流公司收到美乐高有限公司的入库通知单，其中包括有800台34FT长虹彩色电视机、300台242L海尔电冰箱、500箱饼干、4000箱方便面、600箱可口可乐、400箱矿泉水，需入库存放。公司通知小张、小李准备收货。

想一想：

(1) 小张、小李在收货过程中需要注意哪些问题？

（2）小张、小李收货时应该按照怎样的流程进行？

三、训练项目：商品入库检验

（一）实训目的

（1）理解商品检验的目的；
（2）概述商品检验的类型；
（3）对不同种类，不同性质的商品会选择正确的检验方法；
（4）对商品检验，验收过程中所遇到的异常情况知道处理方法。

（二）实训内容

（1）验收需检验的商品。
（2）处理商品检验中的异常情况。

（三）实训地点

校内实训室、校外实训基地。

（四）实训工具

小刀、手持终端、破损饼干包装箱、水渍方便面包装箱、电冰箱包装箱、电视机包装箱。

（五）实训过程

（1）学生分组，5～6人一组，自选组长；
（2）模拟对商品进行质量检验；
（3）准备实训工具；
（4）模拟检验商品；
（5）各组对检查出来的问题进行归纳，并制作PPT将成果分享；
（6）各组派代表演讲。

（六）实训指导

（1）讲解质量检验中的注意事项。
（2）指导学生分组实验、制作PPT及演讲。

（七）训练时间

本训练任务需要4～6学时。

（八）评价标准

商品入库验收检验实训评价标准如表2－1所示。

表2－1 公司注册训练评价表

评价等级	评价标准
优	• 对货物的检验仔细，能根据不同商品的属性，选用检验方法； • 能独立处理好检验中所遇到的异常情况。
良	• 对货物的检验较为仔细，能根据不同商品的属性，判断适用的检验方法； • 能通过相互讨论中处理好检验中所遇到的异常情况。
合格	• 能在教师帮助下完成实训任务。

任务2 堆码作业

一、理论回顾

（一）商品堆码及仓库堆码的基本原则

商品堆码又称"商品堆垛"或"商品堆桩"，是仓储商品堆存的形式和方法。常用的堆码方法有：散堆法、货架堆码法、垛堆法，主要方式有重叠式、压缩式、通风式、缩脚式、交叠式、牵引式和栽桩式等，商品堆码要根据商品性能、包装、仓储设备、存放场所和季节、气候等条件，选择堆码形式，确定垛堆高度等，以便于商品的搬运、检查和养护。科学的商品堆码，有利于仓库中人身、商品、建筑物的安全，有利于收发库的存取和在库养护的操作，有利于提高仓库的利用率。因此，商品堆码要求符合以下安全、方便、多储的几点原则：

（1）面向通道原则。为方便物品移动、存放和取出，需将物品面向通道存放保管。

（2）分层堆放原则。尽量利用货架堆放物品，有效利用仓房空间。

（3）按周转速度存放原则。进货、发货次数频繁的物品应放在靠近进出口的位置，以缩短出入库作业路线，提高工作效率。

（4）同一类型存放原则。同类物品存放在相同位置。

（5）类似物品存放原则。类似物品存放在相邻位置。

（6）重物下置原则。重物放在货架上方有伤人及损坏的危险，且上架、取下不便，故较重的物品应放置在地上或货架底层，较轻的物品放置在货架的上层。

（7）结合形状存放原则。包装标准化的物品可放货架上保管，包装非标准化的物品结合形状进行保管。如扁平或细长零件的物品平放会导致仓库空间的浪费，过长时间可能会从货架伸出通道，对这类物品可采用竖置方式。

（8）表示明确原则。一种物品对应一个货位，将品种、数量、保管位置（如货架编号、层号和列号等）明确、清晰地表示出来，使该项物品能够准确无误地找到。

（9）先进先出原则。先入库的物品应先发货送出，防止因物品保管期过长而发生变质、耗损、老化现象，尤其对于食品、药品等产品保管期较短的商品，这一原则非常重要。

（二）堆码的方法

1. 货垛堆码法

货垛堆码法适用于有外包装的物资，如箱、包、桶和袋等，或不需要包装的大宗物资，如钢材等。常见的货垛堆码法有重叠式堆码法、纵横交错式堆码法、压缝式堆码法、通风式堆码法。

2. 货架堆码法

货架堆码法，适用于小五金、小百货、交电零件等小件商品。

3. 散堆法

散堆法适用于露天存放的没有或不需要包装的大宗物资，如煤炭、生铁等。

4. 托盘化法

托盘化法是将散装或散件物资，用托盘、货箱或捆扎等方法，组合成若干个较大的集装单元。

5. 五五化堆放法

五五化堆放法是以五为基本计量单位，根据物资的不同形状，码成各种总数为五的倍数的货垛，如五五成方、五五成行、五五成包、五五成串等。

小资料

货垛“五距”

货垛的“五距”是指：垛距、墙距、柱距、顶距和灯距。

二、模拟情景

新雅物流公司进了一批货物，其中，板片状物品50片，方形物品50个，圆桶形物品50个，长条形物品50条。小李、小张要对货物进行堆码，根据堆码原则与方法，小李与小张勾画出垛型图并开始作业。

想一想：

（1）试一试画出上述物品垛型图。

（2）在垛型图上说明堆垛的理由。

三、训练项目：商品堆码

（一）实训目的

能够根据物品的形状和保管要求不同，选择合适的堆码方式。

（二）实训内容

（1）提供不同形状，不同属性的商品，让学生动手堆码；

（2）分组进行堆码比赛。

（三）实训地点
学校物流实训室或空旷场地。

（四）实训工具
装有淘汰显示器的纸箱、长条型装纸箱、其他形状的商品。

（五）实训过程
（1）学生分组，5~6人一组，自选组长；

（2）每组分配不同形状的商品，让学生按要求进行堆码；

（3）让各组相互检查彼此堆码作业的优缺点；

（4）各组学生进行重叠式堆码法、纵横交错式堆码法、压缝式堆码法比赛。比赛规则由教师根据堆码原则及要求与学生共同制定，裁判组由各组推荐1名学生及教师组成。

（六）实训指导
教师巡视指导各组堆码，对发现的细节问题进行记录，比赛结束后集中点评。

（七）训练时间
本训练项目需要4~6学时，其中理论教学2学时，学生实训2~4学时。

（八）评价标准
堆码训练评价标准见表2-2所示。

表2-2　　堆码实训评价表

评价等级	评价标准
优	• 能根据商品特点及包装标识，合理选择堆码方法； • 堆垛整齐、牢固，堆垛比赛中成绩优秀者。
良	• 能根据商品特点及包装标识，选择堆码方法； • 堆垛较为整齐、牢固，堆垛比赛中成绩中等者。
合格	• 能在教师指导下选择择堆码方法，堆垛较为整齐、牢固，堆垛比赛中能在规定时间完成者。

任务3　货位指派

一、理论回顾

（一）商品分区分类的方法
由于仓库的类型、规模、经营范围、用途各不相同，各种仓储商品的性质、养护方法也迥然不同，因而分区分类储存的方法也有多种，需统筹兼顾，科学规划。常见的分区分类储存有：

（1）按种类和性质分区分类储存。

（2）按危险性质分区分类储存。

（3）按发运地区分类储存。

（4）按仓储作业的特点分区分类储存。

（5）按仓库的条件及物资的特性分区分类储存。

（二）商品的编码

商品编码，又称“商品货号”或“商品代码”，它赋予商品具有一定规律的代表性符号，符号可以由字母、数字元或特殊标记等构成。商品编码与商品分类关系密切，一般商品分类在前，商品编码在后，所以实践中称之为商品分类编码。2002年，经国务院批准，发布了全国主要产品分类与代码第一部分：可运输产品（上）（下）（GB/T7635.1—2002），规定了全国商品的分类和代码。

（三）货位的定位

1. 货位管理

按照物资自身的理化性质与储存要求，根据分库、分区、分类的原则，将物资固定区域与位置存放，保证“规格不串、材质不混、先进先出。”

2. 货位的存放方式

货位存货方式主要分为固定型和流动型两种。固定型是一种利用信息系统事先将货架进行分类、编号，并贴付货架代码，各货架内装置的商品事先加以确定的货位存货方式。在固定型管理方式下，各货架内装载的商品是一致的，每一货位的容量都应该大于在该货位存放的商品的最大的库量，否则会出现货位不足、商品不能及时入库的情况。流动型是指所有的商品按顺序摆放在空的货架中，不事先确定各类商品专用货架。流动型管理方式由于各货架内装载的商品是不断变化的，在商品变更登陆时，出错的可能性较高。

3. 货位编号的要求

货位编号好比商品在库的“住址”。根据不同库房条件、商品类别和批量整零的情况，搞好货位划线及编排序号，以符合“标志明显易找，编排循规有序”的要求。

4. 货位编号的方法

根据已确定的商品分区分类保管方案，应对各库房、货场进行合理布局规划，以确定库房和货场的货位摆放形式。库房的货位布局有横列式、纵列式及混合式三种。

货位布置既要考虑操作的需要，又要考虑商品的安全。因此，既要留出一定的作业通道、垛距、墙距等，又要合理、充分地利用库房面积，尽量提高仓库、货场的利用率。库房和货场布置后，可用有色油漆在地坪上画成租线。堆放货物或货架时，均以接线为标准堆放，使货横着成行，竖着成线，整洁美观。

（1）库房的编号。把整个仓库所有储存场所，依其地面位置按一定顺序编号。

（2）库房内各货位编号。根据库内的业务情况，按照库内干、支道的分布，划分为若干货位，按顺序编上号码，并视具体条件作出明显标志。由于一个货位往往堆放多种不同品种、规格、牌号的商品，为了分清各种商品的准确存放位置，一般还要在货位上等距离划分段落，再编上段号。

(3) 货架中各货位编号。在收发零星及搞拼装商品的仓库，往往在一个库房有许多货架，每个货架有许多格，作为存货的货位。可先按一个仓库内的货架进行编号，然后再对每个货架的货位按层、值进行编号。顺序应从上到下，从左到右，从里到外。

(4) 货场上各货位编号。货场货位编号常见的有两种方法：一种是在整个货场内先按排编上排号，然后再按各排货佐顺序编上货位号；另一种是不分排号，直接按货位顺序编号。对于集装箱堆场，应对每个箱位进行编号，并画出箱门和四角位置标记。

5. 绘制商品货位图

为便于管理及提高工作效率，仓库内储存区域与货架分布情况可绘制商品货位图。

二、模拟情景

新雅物流公司进的一批货物，有板片状物品 50 片，方形物品 50 个，圆桶形物品 50 个，长条形物品 50 条，800 台 34FT 长虹彩色电视机，300 台 242L 海尔电冰箱，500 箱饼干，4 000箱方便面，600 箱可口可乐，400 箱矿泉水。

想一想：

(1) 以上商品该如何进行货位指派才合理？

(2) 上述商品如何分类储存？

三、训练项目：货位指派训练

(一) 实训目的

(1) 通过实训，理解货位编号方法；

(2) 能根据商品和仓库的库存状况，初步合理安排货位指派。

(二) 实训内容

学生根据教师提供不同类型的商品，对商品进行货位指派。

(三) 实训地点

物流实训室。

(四) 实训工具

不同类型的商品，仓库货架，计算机、投影仪、笔及白纸。

(五) 实训过程

(1) 学生分组，5 ~ 6 人一组，自选组长，并选 1 名同学作观察员。观察员交叉观察各组作业，记录差错；

(2) 每组学生先对仓库内的货位进行编码；

(3) 将不同商品分配给学生，每组分两种以上的商品；
(4) 每组学生根据商品的性质不同，对商品进行货位指派；
(5) 让各组相互检查彼此指派是否合理；
(6) 观察员讲解货位编码的方法，指出所观察组商品货位指派缺陷；
(7) 各组实训作业完成后，组长对本实训进行总结；
(8) 教师点评。

(六) 实训指导

教师到各组巡视，对出现的问题给予解决与提示。

(七) 训练时间

本训练项目需要4~6学时，其中理论教学2学时，学生实训2~4学时。

(八) 评价标准

货位指派训练评价标准见表2-3所示。

表2-3　商品货位指派实训评价表

评价等级	评价标准
优	能根据商品特点及本实训室特点，合理进行货位编码及货位指派。
良	能根据商品特点及本实训室特点，完成货位编码及货位指派。
合格	能在教师指导下完成货位编码及货位指派。

任务4　分拣理货作业

一、理论回顾

分拣理货作业是配货作业最主要的前置工作，即配送中心接到配送指示后，及时组织理货作业人员，按照出货优先顺序、储位区域、配送车辆趟次、门店号、先进先出等方法和原则，把配货商品整理出来，经复核人员确认无误后，放置到暂存区，准备装货上车。

分拣理货作业主要有两种方式：一是“播种方式”，二是“摘果方式”。

(1) 播种方式，是把所要配送的同一品种货物集中搬运到理货场所，然后按每一货位（按门店区分）所需的数量分别放置，直到配货完毕。在保管的货物较易移动、门店数量多且需要量较大时，可采用此种方法。

(2) 摘果方式（又称“挑选方式”），就是搬运车辆巡回于保管场所，按理货要求取出货物，然后将配好的货物放置到配货场所指定的位置，或直接发货。在保管的商品不易移动、门店数量较少且要货比较分散的情况下，常采用此种方法。在实际工作中，可根据具体情况来确定采用哪一种方法，有时两种方法亦可同时运用。

一般拣货作业程序如图 2－1 所示。

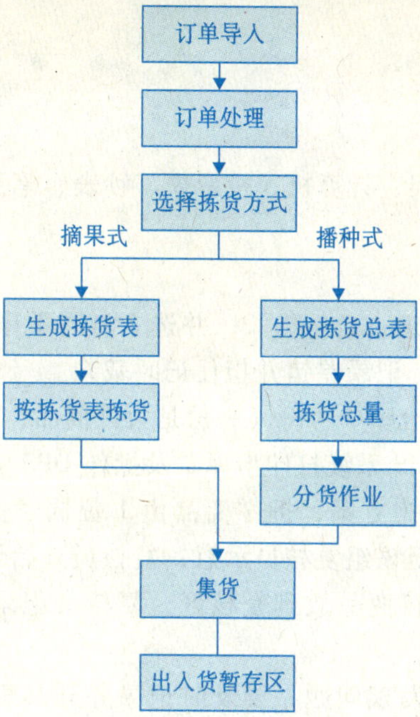

图 2－1　拣货作业程序

二、模拟情景

新雅物流公司接到两个客户出库指令：客户甲要求将所储存的某一型号电脑主机及显示器集中为四个卖场分别配送 12、10、8、6 套；客户乙要求将所储存的两种规格的牙膏，拆零配送至 8 个便利超市门店。

想一想：

（1）电脑分拣应采用何种方式效率最高？

（2）牙膏拆零分拣的方式与电脑产品相同吗？为什么？

三、训练项目：分拣理货训练

（一）实训目的

（1）通过实训，理解两种拣位方法的异同点。

（2）能根据出库商品实际状况，选择合适的分拣方法。

（3）通过实训，会根据出库单分拣商品。

（二）实训内容

学生根据教师提供不同类型商品的出库单，对商品进行拣货比赛。

（三）实训地点

物流实训室。

（四）实训工具

不同类型的商品，仓库货架，计算机、投影仪、秒表、笔及出库单。

（五）实训过程

（1）学生分组，5～6人一组，自选组长，并选2名同学作复核员。比赛规定时间为30分，复核员交叉复核各组作业，记录差错并担任记时裁判。

（2）每组组长到教师处领出库单两份（一份是大件商品，一份是拆零小商品），有条件的学校可以通过让学生操作WMS系统打印出库单及操作DPS电子标签系统。

（3）组长招集组员讨论分拣方案，拆零商品由1位同学完成，大件商品由2人完成，分拣作业开始时，组长要向派至该组复核员示意，复核员开始记时。

（4）每组学生完成分拣并将商品放到复核区，复核员记录时等复核员完成复核后，将商品送至待发区。

（5）复核员在复核过程中发现问题，要及时记录并开具事故单，每发现1个错误加时50秒。

（6）最后由教师与复核员确定比赛名次，宣布比赛结果。

（六）实训指导

教师在整个过程中要注重学生整个作业过程中的细节，并在最后予以总结与强调，要将职业素养培养融入竞赛之中。

（七）训练时间

本训练项目需要2学时。

（八）评价标准

货位指派训练评价标准见表2－4所示。

表2－4　　商品分拣实训评价表

评价等级	评价标准
优	能根据商品特点正确选择分拣方法，并在规定时间完成分拣者且无分拣错误。
良	能根据商品特点正确选择分拣方法，超时在10分钟内且无分拣错误。
合格	能根据商品特点正确选择分拣方法，超时在10分钟内且仅有1～2件商品分拣错误。

任务5 补货作业

一、理论回顾

1. 补货

补货是指理货员将标好价格的商品，依照商品各自既定的储位或陈列位置，定时或不定时地将商品补充到货架上去的作业。

补货是仓储管理的一项基础性工作，仓储的运营建立在恰当的补货基础上，补货的好坏直接关系到仓储企业经济效益和顾客的满意与否，进而关系到企业的形象、生存与发展。补货的两个最核心的问题：一是什么时候补货；二是补多少货。前一个问题是时间与频次的问题，即补货的触发点问题；后一个是量的问题。前一个问题有两种做法：一是连续检查办法，即当库存低于设定的某一个值时，就开始补货，不管两次时间间隔多久；二是定期检查办法，即每经过一个固定的时间间隔，就开始补货。要保证安全库存。那么应该怎样设置安全库存呢？安全库存应该和货架排面管理结合起来。根据补货的基本要求，货架陈列必须丰富，物品陈列一般应该达到货架容积的2/3。

2. 补货注意事项

补货前要先对系统的库存数据进行确认，有保质期限的商品和食品必须严格遵循先进先出的原则进行货位调整。

补货时要注意检查商品的质量、外包装以及条形码是否完好，按存储区域依货位的顺序进行。

货架补齐后，要及时清理通道的垃圾和存货，垃圾送到指定地点，存货送回库存区。

二、模拟情景

新雅物流公司员工小张在盘点库房商品时，发现某客户货品存货不足，不能满足下一周各零售门店的配送需求，故紧急联系客户，请客户快速补货。

想一想：

（1）小张根据什么判断客户存货不足？

（2）客户货到后小张入库补货时，应注意哪几方面的问题？

三、训练项目：调仓、补货作业实训

（一）实训目的

（1）理解补货的流程。

（2）懂得调仓原则，能根据商品特性完成调仓作业。

（3）能根据商品特性，确定补仓商品货位。

（二）实训内容

根据老师提供的模拟情景，按照补货流程，对仓库进行调仓、补货作业。

（三）实训地点

物流实训室。

（四）实训工具

实训仓库，N 箱方便等食品类商品、矿泉水 N 箱，托盘、手动液压叉车、入库单、RF 手持终端、WMS、计算机。

（五）实训过程

（1）学生分组，5～6 人一组，自选组长。

（2）每组学生先了解仓库内的货物情况，即库存情况。

（3）通过 RF 手持终端对所有商品进行货位调整。

（4）每组学生根据每周假设出库情况，通过 RF 查询库存请况，模拟通知客户补货，接收商品并检验。

（5）补充商品入库后，各组通过 RF 对补充商品确定仓位。

（6）根据 RF 定仓操作将补充商品送入指定货架，完成商品补货作业。

（六）实训指导

教师在实训前要详细讲解 RF 手持终端的使用、补货作业要点，展示补货作业中所需要填制的表格。

（七）训练时间

本训练项目，根据学校实训条件安排 2～4 学时，学校 RF 手持终端设备多的（4 台）可以安排 2 学时，否则 4 学时。

（八）评价标准

商品补货训练评价标准见表 2－5 所示。

表 2－5　　商品补货实训评价表

评价等级	评价标准
优	能根据商品特点正确进行调仓作业，并在 25 分钟内完成入库及补货定仓作业。
良	能根据商品特点进行调仓作业，并在 35 分钟内完成入库及补货定仓作业。
合格	在教师指导下能根据商品特点进行调仓作业，并在 50 分钟内完成入库及补货定仓作业。

任务6 复核作业

一、理论回顾

1. 复核

复核是物流中心仓库内货品出库前的最后一关，其主要工作是按照拣货单清点货品数量与质量，保证出库货品的正确性。常见的复核有人工复核与RF复核两种。复核的主要内容包括物资名称、规格、型号、批次、数量、单价等项目同出库凭证所列的内容一致。复核作业还包括把所拣取的货品依客户、车次对象等作数量的核对、产品状态及品质的检验。拣货作业之后的复核因耗费时间及人力，在效率上也是一个大问题。复核属于确认拣货作业是否产生错误的处理作业，如果能够先找出让拣货作业不会发生错误的方法，就能免除事后的检查，或只对少数容易出错的物品作检查。

2. 人工复核

人工复核是物流中心常见的复核方式之一，利用人工将复核区货品品项、数量一个个点数，并逐一核对出货单，复核完毕后，在相关单据上签字交还信息部。

复核员的工作首先是对单据进行检查核对，然后根据相关单据按配送的客户对配送商品进行一一复核，是否有多货、少货、错货及不合格货品的情况，发现并及时处理，在相关单据上进行记录。

复核的关键作业指标为复核正确率，即为正确复核货品的数量与复核货品总数量的比；复核员工的工作质量一般由储运员或门店来监督，储运员或门店将会发现复核错误的货品。

3. RF复核

在现代物流中心中，信息技术是提高作业效率的有效途径。RF复核是指利用无线射频终端技术的复核作业方式。与人工复核相比，RF复核在作业时间、作业效率以及误差率方面都有着明显的改善。

在作业时间上，RF复核只需用扫描功能对复核的货批进行扫描，大大减少了作业人员核对货品和单据的时间，由于作业时间的缩短，RF复核大大加快了物流中心出货配送速度，从而提高了物流中心的周转效率；由于利用信息技术，RF复核大大降低了复核作业的误差率。RF复核的关键作业指标与人工复核的相同。

4. 复核查对形式

商品出库的复核查对形式可以由保管员自行复核，也可以由保管员相互复核，还可以设专职出库物资复核员进行复核或由其他人员复核等。常见的复核有单据复核、实物复核及账货结存的复核。

二、模拟情景

10月5日，新雅物流公司的二号仓库接到一份提货单，得知有500台42in海尔彩色电视机、300台2L华菱电冰箱、400箱500g嘉士利饼干、1 000箱（碗装）康师傅方便面、

600 箱（350ml）的可口可乐饮料、400 箱（550ml）的娃哈哈矿泉水、800 箱（450ml）美汁源果粒橙，500 包（1.7kg）的奥妙洗衣粉等商品出库。当该批商品办理完毕出库手续，仓库需要组织有关人员进行商品出库复核查对、单据复核、账、货结存的复核工作。

想一想：

（1）如你是该仓库的复核人员，怎样正确地开展商品出库的复核工作？

（2）商品出库时，保管员如何用 RF 手持终端复核？

三、训练项目：出库复核作业

（一）实训目的

（1）掌握物流中心复核的工作流程。

（2）熟悉复核方法分类和复核工作内容。

（二）实训内容

（1）整件复核：核对拣货单据与拣出的货品是否一致。

（2）交接货品：凭出库凭证与配货人员交接货品，并签名确认。

（三）实训地点

物流实训室的复核工作区域。

（四）实训工具

拣货单、复核差异单、记录用纸、笔。

（五）实训过程

（1）学生分组，5～6 人一组，自选组长。各小组长向教师领取单据，领取拣货完毕的拣货单（复核页），检查单据是否齐全，检查拣货单上是否有拣货人员签名以及划单记号。

（2）箱件复核，检查外包装名称、规格、清点件数，并在拣货表上做好复核标记。

（3）拆零复核，检查品名、规格、数量，并在拣货表上做好复核标记。

（4）件数复核。

（5）复核人员确定货品无误后，在拣货表相应位置签名，并将拣货单交给单据处理人员。

（六）实训指导

教师指导，主要应该侧重复核作业细节指导，例如，领取单证环节，有意给其中一半小组错单，让他们发现并换取正确单证。

（七）训练时间

本训练项目需要 4～6 学时，其中理论教学 1～2 学时，学生实训 2～4 学时。

（八）评价标准

进行一定量货品的复核，时间控制在5分钟内。评价标准如表2-6所示。

表2-6　货品出库复核评价表

评价等级	评价标准
优	• 结合模拟情景，自行设计符合作业所需单据； • 在3分钟内完成8个品项共32件货品的复核作业，无差错。
良	• 结合模拟情景，自行设计符合作业所需单据； • 在5分钟内完成8个品项共32件货品的复核作业，正确率大于95%。
合格	• 结合模拟情景，自行设计符合作业所需单据； • 在8分钟内完成8个品项共32件货品的复核作业，正确率大于90%。

任务7　返品处理

一、理论回顾

1. 返品

返品也称“退货”，是指因为各种原因而产生的从消费者手中回到零售商，以及从零售商手中返回生产厂家的商品。

返品的处理不但增加了商家和厂家的营销成本，占压了流动资金，而且牵扯了各个营销环节管理者的时间和精力，造成社会生产力一定的浪费。因此，系统、有效地对返品物流进行管理，减少因返品带来的损失，有着不可小觑的社会效益和经济效益。

2. 返品产生的原因

由于近年来全球范围内普遍出现的商品生产“过剩”和由此引发的激烈的商业竞争，导致浓厚的“买方市场”商业氛围，世界各国的零售商业的返品率正逐年上升。一般来说，引起返品的原因主要有：

（1）商品存在瑕疵和品质问题；

（2）零售商手中剩余的积压、滞销、过季的商品和超过保质期的商品；

（3）零售商残留的断码商品或不配套商品；

（4）物流和配送过程中产生的外观污损商品或损品；

（5）因其他理由引起消费者退货的商品；

（6）生产厂家主动“召回”的成批产品等等。

3. 返品处理

返品是指在仓库已办理出库手续并已发货出库，但因某种原因未使用，而又返回到仓库的商品。大部分情况下，产品的回收渠道有制造商直接负责回收、零售商负责回收和第三方负责回收三种模式，如图2-2所示。

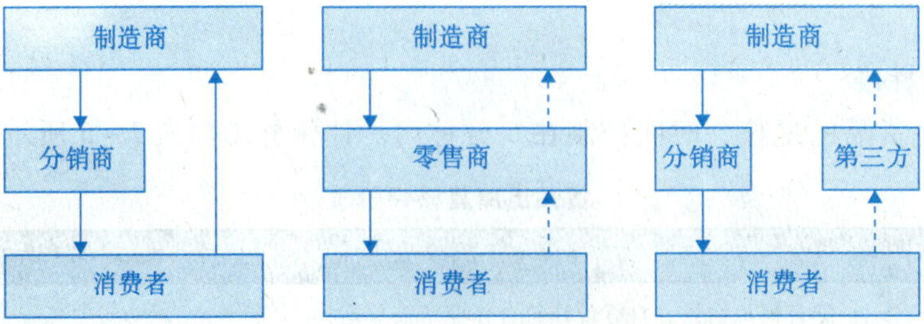

图 2－2　返品回收的三种模式

小贴士

最早提出“逆向物流”概念的美国管理学家斯托克对“逆向物流”所下的定义是“逆向物流为一种包含了产品退回、物料替代、物品再利用、废弃处理、再处理、维修与再制造等流程的物流活动。”

从严格意义上说，返品物流在内涵上并不完全等同于“逆向物流”。由返品逆物流和回收逆物流两部分构成“逆向物流”。

（1）退货手续。返品处理应使用退货单，退货手续可视为“入库”手续，即应视为发料出库的冲减。在登账时，应在发出栏内用红字填写，从而增加库存数量和金额。同样，仓库统计表中，也应作为减少发出量计算。但在任何情况下，都不得重新验收入账，因为这样会造成假象。退货工作应注意以下问题：

①退回的商品应尽量保持完整无损，保持各种配件的完整。

②材料仓库在接收退货时，应认真捡查，经过维护保管后，再存入仓库。残损的，应单独存放，责任由原单位负责，无使用价值的，作为废品处理。

（2）返品处理。当商品失去或部分失去了原有的使用价值以后，为了发挥其潜在使用价值的效能，将其回收，再经加工或完全不加工重新投入使用。返品的这一实物运动过程形成了返品流。

- 收返员将收回的返品作分类处理，常见返品处理有三种方式：分为良品、次品和残品。
- 良品处理。对于良品，收返员打印移库单，将其移入正常库；退货库人员与正常库管人员做交接；管理人员确认货单一致，货品规格数量正确后，在移库单上签字，并将货品转入库位。
- 不良品处理。对于不良品，退货库将其退回供应商，供应商到场清理清点退货，退货库开票员打印退货单，供应商确认清点货品货单一致，货品规格数量正确后，在退货单上签字，并将退货单一联与退货一同带走。
- 残品处理。对于残品，收退员将残品明细上交采购部，采购部根据残品明细对残品进行审核，审核通过后，进行残品的货损处理。

二、模拟情景

新雅物流作为配送中心承接了本市四家联锁经营企业的产品配送任务，每家联锁经营企业都有相应的供应商，为提高返品处理效率，四家联锁零售企业委托新雅物流成立了返品处理中心，由小张任主管，集中处理返品业务。

想一想：

（1）为什么四家连锁零售企业要联合成立返品处理中心？

（2）新雅物流成立返品处理中心的目的是什么？

三、训练项目：返品交接与处理

（一）实训目的

（1）理解返品交接与返品处理工作流程。

（2）会针对不同类型返品，采取相应的处理方法。

（3）会区分退货中的良品和不良品及相应处理。

（二）实训内容

（1）返品到库，审核退货商品的完整性，填写相关单证。

（2）办理退货手续，生成退货单。

（3）仓库接收退货，做出退货处理。

（三）实训地点

物流实训室的返品处理工作区、教室。

（四）实训工具

退货单、托盘、手动液压搬运车、物流箱、笔。

（五）实训过程

（1）学生按4～6人分组，每组中分别请同学扮演送货员、返品接收员等角色。

（2）每组组长从教师处领相关单证及返品。

（3）送货员将返品交给接收员，并办理交接手续。

（4）接收员返品接受，凭返品单对点返品，并按实收货品录入系统。

（5）接收返品后，区分不同类型的返品，并进行相应的单据操作。

（6）制订返品处置方案，返品放入退货商品区指定货位。

（六）实训指导

教师指导学生在返品接受、退货手续、区分返品、返品整理及制订返品处置方案等方面，要按物流企业要求做按角色练习。

（七）训练时间

本训练项目需要4学时，其中，理论教学2学时，学生实训2学时。

（八）评价标准

熟练掌握返品交接与处理的工作程序。返品处理时间以5分钟为宜。

评价标准如表2-7所示。

表2-7　　返品交接与处理评价表

评价等级	评价标准
优	• 凭单作业，能在3分钟内，将一个物流箱内的10件退货清点完毕，并签名确认； • 选择合理的返品处理方式，过程流畅，无差错。
良	• 凭单作业，能在5分钟内，将一个物流箱内的10件退货清点完毕，并签名确认； • 选择合理的返品处理方式，基本达到标准。
合格	• 凭单作业，能在10分钟内，将一个物流箱内的10件退货清点完毕，并签名确认。

任务8　在库商品盘点

一、理论回顾

1. 盘点

盘点是指定期或临时对库存商品的实际数量进行清查、清点的作业，即为了掌握货物的流动情况（入库、在库、出库的流动状况），对仓库现有物品的实际数量与保管账上记录的数量相核对，以便准确地掌握库存数量。

2. 在库商品盘点

盘点作业的具体内容包括：盘点数量、盘点重量、货账核对、账账核对，进行问题分析，找出原因，做好记录，及时反映等。对于临时盘点，可根据实际情况确定盘点对账工作的内容和重点。

- 查质量：查明在库商品是否发生物理变化、化学变化和生物变化。
- 查数量：检查实物与账、卡上的记载是否相符，并查明其原因。
- 查保管条件：检查垛形、苫边情况是否出现变化；场地排水条件是否畅通、是否干净、整洁，库房是否漏雨。
- 查保管期：查在库商品有否超过合同约定期或超过安全保管期；是否积压或滞留时间过长者。
- 查计量工具：计量工具是否误差过大，应否校对或修换。
- 查安全：主要是安全、好处、消防、电路诸方面的现状，如有问题应查明原因并及时改正。

3. 盘点作业的基本步骤

（1）盘点前的准备。盘点前的准备包括盘点方法和作业程序确定、盘点表格打印与发放、盘点工具准备等。

（2）盘点时间的确定。根据商品的不同特点、价值大小、流动速度、重要程度，可以分别确定不同的盘点时间，常见的盘点有日盘点、周盘点、月盘点、季度盘点、半年盘点及年盘点。

（3）确定盘点方式。因为不同现场对盘点的要求不同，盘点的方法也会有差异，为尽可能快速准确地完成盘点作业，必须根据实际需要确定盘点方法。

（4）盘点人员的组织与培训。人员的培训分为两部分：第一是针对所有人员进行盘点方法训练；第二是针对复盘与监盘人员进行认识货品的训练。

（5）清理盘点现场。盘点现场也就是仓库或配送中心的保管现场，所以盘点作业开始之前必须对其进行整理，以提高盘点作业的效率和盘点结果的准确性。

（6）盘点。盘点时可以用人工抄表计数，也可以用电子盘点计数器。

（7）查清盘点差异的原因。当盘点结束后，发现所得数据与账簿资料不符时，应追查差异的原因，常见的原因有：

- 错盘、漏盘；
- 计算错误；
- 偷窃；
- 收货错误或空收货，结果账多物少；
- 报废商品未进行库存更正；
- 对一些清货商品，未计算降价损失；
- 生鲜品失重等处理不当。

（8）盘点结果的处理。差异原因追查后，应针对主要原因进行适当的调整与处理，至于呆废品、不良品减价的部分则与盘亏一并处理。

4. 盘点方法

盘点的针对性主要是账、物、卡三者之间的一致关系，即必须保三者经常性的平衡，并在日常及阶段时间内为此平衡付出辛劳。日常盘点有：

（1）账面盘点。账面盘点就是把每天出入库货物的品种、数量、单价等录入管理信息系统货物账簿上进行核对，而后逐日累加或递减，得出总账面上的库存量及库存金额。

（2）现货盘点。现货盘点又称“实盘”，就是在仓库实地清点调查仓库内的各种货物的库存数，再根据它们各自的单价，计算出实际库存金额。要确保盘点无误，最直接的方法就是确定账面盘点数与现货盘点数的完全一致。

（3）异动盘点。异动盘点是指针对一个时间段内发生过异动的储位进行盘点。异动盘点是仓储作业中保证库存准确性的一种有效手段。引起储位异动的物流作业主要有上架、整仓、补货、拣货等，因此，只要有闲暇时间，在上述作业完成后都可以进行异动盘点。

（4）全面盘点。全面盘点是因企业财务结算需要或当仓库实际库存与信息习题库存数据差异较大时用来调整库存差异的盘点。全面盘点一般除了物流部外还涉及多个部门，如采购部、财务部等，需要这些部门进行监督盘点。

全面盘点需要停止仓库内的所有作业（或者部分区域的作业），然后进行库存盘点，并且盘点前需要做一些准备工作，这些工作包括以下几个方面：

- 全面盘点前停止一切仓库内的操作，如收货、上架、补货、拣选、复核、循环盘点等。

- 如果预入库单在盘点前一级全部收货完毕，应在盘点前确认该单据。
- 将所有未上架的货物上架。
- 所有过渡库存都必须处理完毕。
- 清除以前的盘点数据。

盘点完毕后，如果是用盘点表盘点，则需将盘点表全部收回，检查是否有签名，并加以汇总。根据盘点结果找出问题，并提出改善对策，并根据盘点结果实施相应的奖惩措施。

通过盘点，应达到数量清、质量清、规格清和账、卡清、亏损或溢余皆有迹可循，事故有报告，责任分明。如需调整、平衡更应做到有依有据。

小贴士

目前，国内大多数物流中心都已使用电脑来处理库存账务，当账面数与实存数发生差异时，有时很难断定是账面数有误还是实盘数有误。所以，可以采取“账面盘点”和“现货盘点”平行的方法，以查找误差出现的实际原因。

二、模拟情景

月末，南方物流公司组织部分财务人员及仓库管理员到仓库盘点，要求在规定的库存区域内，对库存商品进行盘点检查，核对现有存货与账目记载数量是否一致，查明各项物品的可用程度，发现不良品、呆滞品均要记录，并用货卡标识出来。

想一想：

分别采用异动、循环及全面盘点三种盘点方法，设计出账、卡、物数目盘点思路。

三、训练项目：异动、循环及全面盘点

（一）实训目的

（1）掌握异动、循环、全面盘点的原理和作用。

（2）能够正确进行各项盘点操作。

（二）实训内容

（1）货品保管区域的储位进行异动、循环、全面盘点。

（2）结合盘点训练，对复盘、生成差异单等单证进行填写训练。

（三）实训地点

物流实训室货品保管区。

（四）实训工具

计算机（安装 WMS）、盘点储位表、盘点表、保管区货架及货品、笔（红色、蓝色）。

（五）实训过程

（1）异动、循环盘点过程。

①编制盘点储位表；

②异动、循环盘点；

③签字确认；

④异常处理。

（2）全面盘点过程。

①盘点准备；

②编制盘点表；

③初盘、复盘；

④调整复盘差异。

（六）实训指导

教师在实训前要准备盘点单证，并用说明各单证之间逻辑关系及填写方法。为了保证实训效果可以先通过 WMS 盘点模块演示单如何填写及相关关系。

（七）训练时间

本训练项目需要 4～6 学时，其中，理论教学 2 学时，学生实训 2～4 学时。

（八）评价标准

异动、循环、全面盘点的具体评价标准见表 2－8 所示。

表 2－8　　异动、循环、全面盘点评价表

评价等级	评价标准
优	• 能在 20 分钟内，完成 8 个储位置的异动、循环、全面盘点； • 操作过程熟练，各项盘点均无差错。
良	• 能在 30 分钟内，完成 8 个储位置的异动、循环、全面盘点； • 操作过程熟练。
合格	• 能在 40 分钟内，在教师指导下完成 8 个储位置的异动、循环、全面盘点。

课后作业

一、单项选择题

1. 下列属于入库前准备工作的是（　　）。

A. 商品验收　　B. 储位准备　　C. 转货作业　　D. 手续交接

2. 按照客户订单或出库单的要求将货物挑选出来，并放在指定位置的物流作业活动是（　　）。

A. 拣货作业　B. 入库作业　C. 盘点作业　D. 流通加工

3. 下列（　）项仓储作业可以确保仓库货品数量真实，并为财务核算、存货控制提供依据？

A. 采购作业　B. 入库作业　C. 拣货作业　D. 盘点作业

4. 播种拣货方式适用于（　）。

A. 订单数量较少　B. 订单数量和品种差异性较大

C. 订单品种较少　D. 货物重量大

5. 仓库盘点的方法包括现货盘点和（　）。

A. 实际盘点　B. 账面盘点　C. 循环盘点　D. 期末盘点

6. 下列关于现货盘点的叙述，不正确的是（　）。

A. 现货盘点也称实地盘点　B. 现货盘点不同于实地盘点

C. 期末盘点是现货盘点的一种　D. 循环盘点是现货盘点的一种

7. 仓库盘点的查数量是最终查明库存商品的（　）。

A. 账面数量　B. 购买数量　C. 实际库存数量　D. 生产数量

8. 适用于圆筒形的、圆管形的物资的堆码方法是（　）。

A. 压缝式堆码法　B. 纵横交错式堆码法

C. 重叠式堆码法　D. 货架堆码法

9. 下列（　）项不是属于数量验收的具体方法。

A. 点件法　B. 抽验法　C. 检斤换算法　D. 检斤验收法

10. 如同地址的市、区、路、号一样。通常采用的编号方法为（　）。

A. 地址法　B. 区段法　C. 四号定位法　D. 三号定位法

二、多项选择题

1. 电子标签辅助拣货系统根据两种不同的作业方式，可分为（　）。

A. DPS　B. DAS　C. RF　D. EOS

2. 返品回收基本上可以分为（　）三种模式。

A. 制造商负责回收　B. 零售商负责回收　C. 第三方负责回收

D. 供应商回收　E. 分销商回收

3. 堆码时应注意的问题有（　）。

A. 商品应面向通道进行保管　B. 同一品种在同一地方保管

C. 先进先出的原则　D. 依据形状安排保管方法

E. 根据出库频率选定位置

4. 盘点的具体内容包括：（　），进行问题分析，找出原因，做好记录，及时反映等。

A. 盘点质量　B. 盘点数量　C. 盘点重量

D. 货账核对　E. 账账核对

5. 货垛的“五距”是指（　）。

A. 垛距　B. 墙距　C. 柱距

D. 顶距　E. 灯距

三、判断题

1. 复合拣取为订单别拣取及批量拣取的组合；可按订单品项数量决定哪些订单适于订单别拣取，哪些适合批量拣取。（ ）
2. 复核的操作方法有人工复核和 RF 复核。（ ）
3. 堆码时只需要分清先后次序，不必贯彻先进先出的原则。（ ）
4. 补货的两个最核心问题：一是什么时候补货；二是补什么货。（ ）
5. 返品的处理应着重采废品，而不是残次品的加工处理。（ ）

四、简答题

1. 补货时应注意的事项有哪些？
2. 简述仓库盘点的程序。
3. 试着自己归纳引起退货的主要原因有几种。
4. 在理货作业过程中，如何贯彻“先进先出”原则？

项目3 配送作业

项目教学目标：

□ 描述物流公司配送程序

□ 掌握物流公司配送表格

□ 理解物流企业物流配送相关规章制度

项目教学学时建议：

课堂教学时：20 学时

项目活动与实践：8 ~ 10 学时

【案例阅读】

配送中心助沃尔玛攻占亚洲

位于深圳市大工业区内的沃尔玛配送中心，是沃尔玛的南中国区域配送中心，也是沃尔玛在亚洲配送中心网络的开始。该中心主要是收集国内采购的、特别是珠江三角洲的零售货物，并将货物配送到各地。该中心有 870 名工作人员，每天处理货物达 30 万件，该中心的组织结构如图 3 - 1 所示。

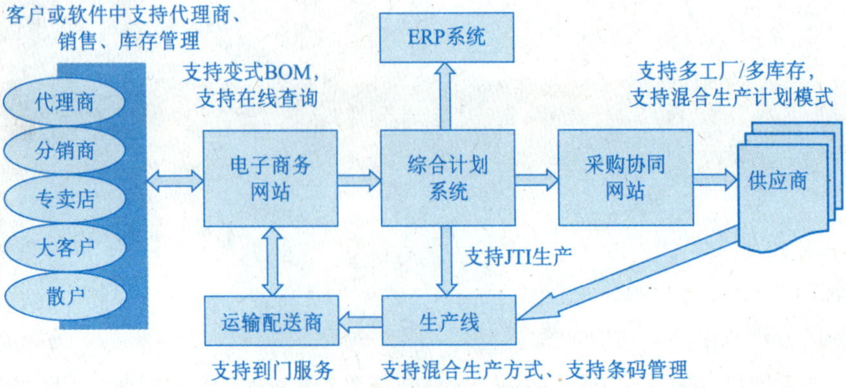

图 3 - 1　沃尔玛配送中心组织结构图

沃尔玛配送中心具有转运、提供增值服务、调剂商品余缺、自动补进及订单配货的主要职能。

1. 转运

沃尔玛把大型配送中心所进行的商品集中以及订单配货转运配送的过程叫转运，大多是在一天当中完成进出作业。

2. 提供增值服务

沃尔玛配送中心还提供一些增值服务，例如在服装销售前，需要加订标签。为了不损害产品，加订标签需要在配送中心采用手工进行比较细致的操作。

3. 调剂商品余缺，自动补进

每个商品都需要一定的库存，比如软饮料、尿布等。在沃尔玛的配送中心可以做到这一点，每一天或者每一周它们根据这种稳定的库存量的增减来进行自动的补进。这些配送中心可以保持 8000 种产品的转运配送。

4. 订单配货

沃尔玛配送中心在对于新商场开业的订单处理上，采取这样的方法：在这些新商场开业之前，沃尔玛要对这些产品进行最后一次的检查，然后运输到这些新商场，沃尔玛把它称为新商场开业的订单配货。

思考题：

1. 沃尔玛在配送业四项职能是什么？
2. 沃尔玛提供的增值服务主要体现在哪些方面？

任务1 进货作业

一、理论回顾

无论配送环节是在哪个物流节点上开展，其第一道作业环节均是进货。如果没有这个环节，配送中心就不能筹集到门店（或客户）所需的货品，必然导致其他环节的瘫痪，因此，进货环节就显得尤为重要。

1. 进货作业的内容

进货作业的内容如图 3－2 所示。

2. 影响进货作业效率的因素

对配送中心进货作业影响的因素较多，主要有以下几个方面：

（1）进货商品供应商提供商品的种类、数量以及运输距离等。

（2）单位时间内进货商品的种类与数量。

（3）进货商品的形状和特性。如包装形式、是否具有危险性、是否为散货、商品的单元尺寸及重量、托盘叠卸的可能性、人工搬运或机械搬运以及产品的保存期限等。

（4）到货时间。主要是指进货的日期和具体的到货时间。比如是否节假日，是白天还是晚上等。

第一步：进货作业计划的制订

进货作业计划制订的基础和依据是采购计划与实际的进货单据，以及供应商的送货规律与送货方式。

↓

第二步：进货前的准备

进货前的准备内容有储位准备、人力的安排、设备器材的准备。

↓

第三步：接运、卸货、收货

有些商品通过铁路、公路、水路等公共运输方式转运到达，需配送中心从相应站港接运商品。送达商品要及时卸货验收入库。

↓

第四步：分类与标示

在对商品进行初步清点的基础上，需按储放地点、唛头标志进行分类并作出标记。

↓

第五步：核对有关单据和信息

核对进货商品单据：采购订单、采购进货通知，仓单、发票、磅码单、发货明细表、商品质量保证书、材料说明书、合格证、装箱单、运单等。

↓

第六步：商品验收

商品验收要先根据有关单据和信息，清点到货数量，确保入库商品数量准确，同时，认真检查商品质量和包装情况，并作出详细验收记录，对查出的问题及时处理，然后填写验收单据和其他签收凭证。

↓

第七步：商品进货信息的处理

商品验收完毕，商品通过搬运码放过程进入指定储位储存，理货员应将所有进货入库单据进行归纳整理，详细记录验收情况，登记入库商品的储位，并对库存商品保管账进行账务处理。

图 3－2　进货作业流程

（5）进货场地工作人员数量，以及平均每一车进货商品的卸货时间。

（6）配合储存作业的处理方式。

3. 进货作业的原则

在进货过程中，操作人员应遵循以下原则：

（1）多利用配送司机来卸货，以减轻公司作业人员的负担及避免卸货作业的拖延。

（2）进货的高峰时间尽可能多安排人力，以维持货品正常迅速地移动。

（3）尽可能将多种活动集中在一个工作站，以节省必要的空间。

（4）按照进货的需求状况统筹配车，不要将耗时的进货放在高峰时间。

（5）使码头、月台至储区的活动尽量保持直线运动。

(6) 尽量使用可流通的容器，以减少更换容器的动作。
(7) 为小批量进货准备小车。
(8) 依据各作业的相关性安排活动，力求搬运距离最小并尽可能减少步行的机会。
(9) 在进出货期间尽可能省略不必要的货品搬运及储存。
(10) 为方便后续存取及查询，应详细记录进货资料。

二、模拟情景

随着经济的发展，生活节奏的加快，人们生活水平的提高和对更好生活品质的追求，新鲜蔬菜销售走出传统模式，以现代配送方式走进家庭，步入工矿企业是大势所趋。新雅物流公司针对该公司所在地高校密集的现状，加上各高校分布比较集中，单个学校师生员工人数均超过万人以上，是一个庞大的消费群体（目前，各高校食堂所需蔬菜，每天需派专人采购，还需配备专用货车，费事费力）。如果采用蔬菜配送的模式，既可以保证质量，又可以满足数量要求，为此专门成立了一个为高校进行蔬菜配送的部门，由小张负责。

想一想：
(1) 请你帮小张出出主意，制订一个可行的进货计划。
(2) 你认为小张在进货时应该注意哪些问题？

三、训练项目：进货作业

（一）实训目的
(1) 概述进货作业内容；
(2) 理解进货作业的流程；
(3) 会填写相关进货单据。

（二）实训内容
(1) 准备进货所需要的单据；
(2) 制订进货计划；
(3) 企业进货过程。

（三）实训地点
具有 Internet 的多媒体教室或实训室。

（四）实训工具
计算机、投影仪、笔及白纸。

（五）实训过程
(1) 学生分组，5 ~ 6 人一组，自选组长。
(2) 为小张负责的蔬菜配送部制订进货计划。

(3) 为蔬菜配送部设计相关的进货准备。
(4) 制作相关进货表格。
(5) 制作 PPT。
(6) 各组派代表演讲。

(六) 实训指导

(1) 讲解物流公司在制订进货计划时的注意事项。
(2) 讲解物流公司的进货过程。
(3) 讲解物流公司进货时应准备的相关工作，展示相关表格。
(4) 指导学生分组、制作 PPT 及演讲。

(七) 训练时间

本训练项目需要 4 学时，其中理论教学 2 学时，学生实训 2 学时。

(八) 评价标准

模拟制订的进货计划要具有可实施性。同时进货过程要连续顺畅、考虑周到。评价标准如表 3－1 所示。

表 3－1　进货作业训练评价表

评价等级	评价标准
优	• 能在规定时间内独立准备好订货计划所需文件及相关表格，文件格式正确； • 完成企业进货作业设计并流利讲解。
良	• 能在规定时间内独立准备好进货时所需的表格； • 能在规定时间内独立完成企业进货流程设计，并讲解。
合格	• 能在教师帮助下完成企业进货时所需表格及进货流程的设计。

任务 2　车辆调度及路线安排作业

一、理论回顾

(一) 车辆调度

1. 车辆调度

车辆调度是指在汽车运输中对汽车进行的调派、运行组织和运行中的管理及监督的作业。车辆调度对于协调运输系统各因素的关系、组织汽车运输、实现连续和均衡生产是必不可少的重要工作。

2. 车辆调度的任务

车辆调度的任务是根据商品特点或客户要求，选择经济合理车型，及时调派所需车辆，组织车辆合理运行，并监控其运行过程及货物装卸情况，以保证安全、及时、快速、经济地完成运输任务。

3. 调度员

调度人员按职能分为计划调度员、值班调度员和现场调度员等。计划调度员的主要任务是根据运力和任务编制单车运行作业计划；值班调度员的主要任务是组织发车，监督车辆运行，处理途中临时发生的问题；现场调度员（或沿线调度员）则负责现场调度和车辆装卸工作，发生事故时及时报告值班调度员，执行处理事宜。

4. 调度方法

调度人员根据驾驶员、装卸工人和货物、道路、桥涵、车辆、装卸机械、天气等有关情况，编制汽车运行作业计划，进行调度。编制计划或调度汽车的方法，大致可分为三种：

（1）经验调度。这是调度人员凭自己的经验和技巧安排车辆运行，并处理运行中发生的问题的一种常见的车辆调度方法。

（2）自营连锁企业物流的车辆调度方法。自营企业的运输流程可以总结为：门店、线路及工作人员三固定加微调。

（3）第三方物流企业的车辆调度方法。第三方物流企业一般是根据业务的实际需求而配置车辆和相关工作人员。

5. 技术设备

（1）电子计算机及其终端设备，用以存贮、处理信息和编制汽车运行作业计划。

（2）反映车辆在途中运行动态的设备，如调度板、运输网路示意图、各种信号与显示装置和工业闭路电视等。

（3）通信设备，由于汽车运输生产具有流动分散的特点，所以调度机构必须掌握车辆的运行动态，根据变化的情况及时修正运行计划，下达调度命令，实现调度中心与车辆的双向联系（直接与驾驶员联系或经过沿线调度员与驾驶员联系）。

6. 车辆调度遵循的原则

（1）遵循就近原则；

（2）遵循成本最小原则；

（3）遵循车辆最大容积率原则。

（二）路线安排——节约里程法

1. 基本原理

“节约里程法”的基本原理是几何学中三角形一边之长必定小于另外两边之和。常用的方式如图3-3所示。

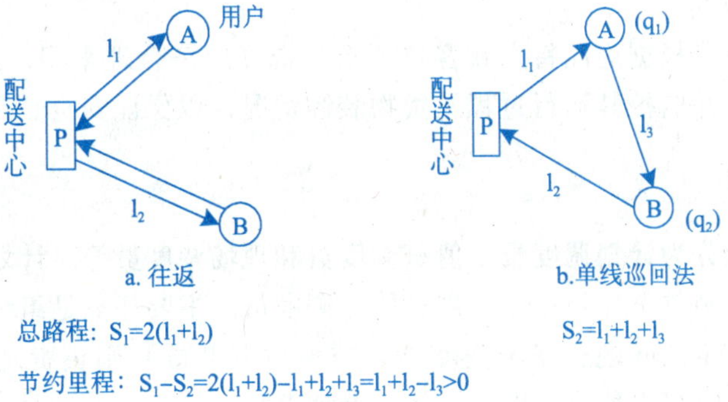

图 3－3　节约里程与往返路线安排法比较

2. 节约里程法应用案例

如图 3－4 所示，由某配送中心 P 向 A～I 等 9 个用户配送货物。图中连线上的数字表示公路里程（公里）。靠近各用户括号内的数字，表示各用户对货物的需求量吨（t）。配送中心备有 2 吨和 4 吨载重量的汽车，且汽车一次巡回走行里程不能超过 35 公里，设送到时间均符合用户要求，求该配送中心的最优送货方案。

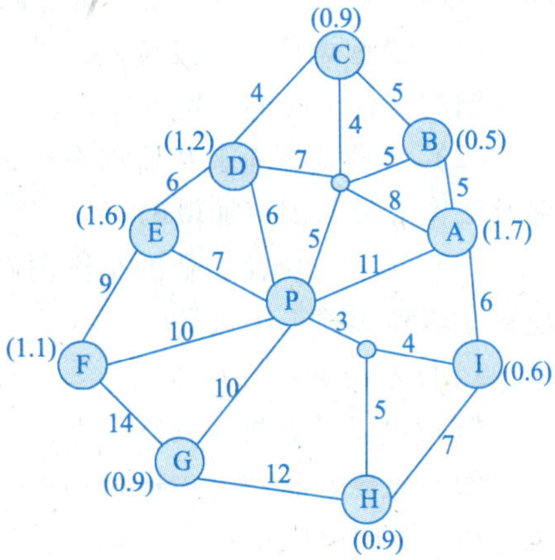

图 3－4　配送网络示意图

（1）根据题目的要求绘制配送网络图。

（2）计算配送中心与门店的最短距离。配送中心与门店之间的最短距离的算法我们利用的是两点之间直线最短的原理。我们以 AG 的计算为例进行说明：

由图 3－3 我们可知，从 A 到 G 的最短距离是 A→P→G，即为 11＋10＝21（公里）。同理计算出配送中心至各用户以及各用户之间的最短距离如表 3－2 所示。

表 3－2　　**最短距离列表**

	P	A	B	C	D	E	F	G	H	I
P		11	10	9	6	7	10	10	8	7
A			5	10	14	18	21	21	13	6
B				5	9	15	20	20	18	11
C					4	10	19	19	17	16
D						6	15	16	14	13
E							9	17	15	14
F								14	18	17
G									12	17
H										7
I										

（3）根据节约里程法计算各个门店之间的节约里程数。在确定货物配送路线时，如果收货点不只一个，那么我们只要将其中能取得最大“节约里程”的两个收货点连接起来，进行送货，就能得到最大节约里程。我们以 AB 之间的距离为例，用“节约里程”法为同学们演示节约里程数的计算方法。

根据前面我们推导的“节约里程法”的计算公式，AB 之间的节约里程数为：

$$S = S_{PB} + S_{PA} - S_{AB} = 5 + 5 + 11 - 5 = 16$$

同理，我们可以计算出其他各个门店之间的节约里程数，大概结果为负时，记为“0”。利用节约法计算出各用户之间的节约里程，编制节约里程表如表 3－3 所示。

表 3－3　　节约里程表

	A	B	C	D	E	F	G	H	I
A		16	10	3	0	0	0	6	12
B			14	7	2	0	0	0	6
C				11	6	0	0	0	0
D					7	1	0	0	0
E						8	0	0	0
F							6	0	0
G								6	0
H									8
I									

根据节约里程表中节约里程多少的顺序，由大到小排列，编制节约里程顺序表（见表 3－4），以便尽量使节约里程最多的点组合装车配送。

表 3－4　　节约里程顺序表

顺位号	里程	节约里程	顺位号	里程	节约里程	顺位号	里程	节约里程
1	A－B	16	6	H－I	8	10	F－G	6
2	B－C	14	8	B－D	7	10	G－H	6
3	A－I	12	8	D－E	7	15	A－D	3
4	C－D	11	10	A－H	6	16	B－E	2
5	A－C	10	10	B－I	6	17	D－F	1
6	E－F	8	10	C－E	6			

（4）制定配送路线。根据节约里程排序表和配车（车辆的载重和容积因素）、车辆行驶里程等约束条件，绘出配送路径（见图 3－5）。

路径 A：4 吨车，走行 32 公里，载重量 3.7 吨；

路径 B：4 吨车，走行 31 公里，载重量 3.9 吨；

路径 C：2 吨车，走行 30 公里，载重量 1.8 吨。

总共走行里程 93 公里，共节约里程 63 公里。

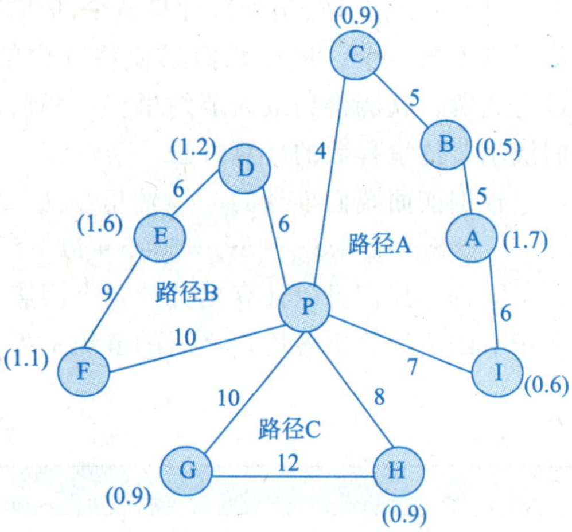

图 3－5　配送路线图

二、情景模拟

每天傍晚，各高校通过浏览新雅物流蔬菜配送中心的网站，了解各种蔬菜的信息，按照需求给中心发去订单（可以是电话、传真、E-mail 等），公司把各高校的订单汇总、调整后，按照订单要求及供需方的具体情况准时配送。

想一想：

（1）如果你是新雅物流公司的工作人员，配送过程中针对运输的蔬菜应该选用什么样的货车比较合适？

（2）配送过程中我们应该如何规划送货路线？

三、训练项目：车辆调度及路线安排

（一）实训目的

（1）能初步运用车辆调度的方法；

（2）知道车辆调度时要用到的技术设备；

（3）理解选择最优路线的意义；

（4）掌握选择路线时应考虑的因素；

（5）会运用“节约里程法”选择最优路线。

（二）实训内容

（1）新雅物流员工小张根据公司自身特点制订调度方案；

（2）确定公司的配送方法；

（3）根据教师提供的辅助资料选择最优配送路线。

（三）实训地点

具有 Internet 的多媒体教室或实训室。

（四）实训工具

计算机、投影仪、笔及白纸。

（五）实训过程

（1）学生分组，5～6 人一组，自选组长。

（2）绘出模拟新雅物流公司为高校配送鲜菜网络图。

（3）运用“节约里程法”模拟计算新雅物流公司至各高校之间最短距离及高校间节约

里程数。

(4) 选择最优路线，制定配送路线图。

(5) 各组制作PPT，说明方案。

(6) 各组派代表演讲。

(六) 实训指导

(1) 讲解车辆调度的基本方法。

(2) 讲解“节约里程法”的基本原理。

(3) 具体讲解“节约里程法”的操作步骤。

(4) 指导学生分组、绘出配送网络图、制作PPT及演讲。

(七) 训练时间

本训练项目需要6~8学时，其中理论教学2学时，学生实训4~6学时。

(八) 评价标准

模拟车辆调度要合理，“节约里程法”运用要准确。评价标准如表3-5所示。

表3-5 公司车辆调度及路线选择评价表

评价等级	评价标准
优	• 根据货品性质选择最佳的排班方式； • 排班调度工作流畅； • 根据“节约里程法”确定最优路线。
良	• 根据货品性质选择较好的排班方式； • 排班调度工作正常运转； • 会运用“节约里程法”。
合格	• 能在教师帮助下完成公司车辆调度工作及配送路线选择工作

任务3 上下车点货作业

一、理论回顾

(一) 点货上车

1. 点货上车

点货上车是指物流中心的相关工作人员将单据与货品按照程序交接完成后，按顺序将客户的货品进行装车作业的过程。

2. 点货上车的内容

对于配送环节而言，点货上车无疑是最为重要的环节之一，它的主要内容包括：处理单据、搬运货品以及配装货物等等。

（1）处理单据。这里需要处理的单据包括出车单、送货单、出库单等（见表3－6至表3－8）。由工作人员按照送货单的要求和车辆行驶区域的划分范围将与货品所对应的相关单据进行归类。

表3－6　　配送出车单

区域编号：　　车牌号：　　调度员：　　配送司机：

门店编号	门店地址	门店名称	品种数	所需货品数量		总金额（万元）	出货位	备注
				整件	物流箱			

装车员：　　出车时间：　　年　　月　　日

表3－7　　送　　货　　单

编号：

出货日期：　　年　　月　　日　　星期　　调度员：

出货顺序							配送运输										费用			备注
开始时间	结束时间	时间合计	分店	单数	金额	是否有尾货	车牌	分店	司机	出发时间	到店时间	离开时间	到仓时间	总时间	超停时间	原因	里程	路费	燃油费	
合计																				

配送中心经理：　　调度主管：

表3－8　　出　　库　　单

送货单号：　　要货单号：　　打印日期：

门店：　　地址：

储位	商品编码	商品名称	包装单位	整件	散货
合　计					
备　注					

配运员：　　收货员：　　制单员：　　制单日期：

（2）货品搬运。货物经过工作人员的清点，准确无误之后即可叫搬运人员将货品从暂存区搬运到停靠车辆的月台位置，以备配装。

（3）配装。配装是指充分利用运输工具的载重量和容积，采用先进的装载方法，合理地安排货物装载的作业。

3. 点货上车的流程

点货上车的流程如图3－6所示。

图3－6 点货上车的流程图

4. 货物包装标识

装配货物上车时，一定要注意观察货物包装上的标示图形，以此帮助我们正确地装运货物，防止或减少损耗。常用包装标示图形及含义如表3－9所示。

小资料

配装的原则

配装有“下重上轻”、“大小搭配”、“软硬搭配”、“性质相近”等原则。

表3－9 常用包装标示图形及含义

序号	标志名称	标志图形	含义	备注/示例
1	易碎物品		运输包装件内装易碎品，因此搬运时应小心轻放	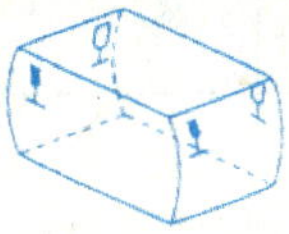
2	禁用手钩		搬运运输包装件时禁用手钩	
3	向上		表明运输包装件的正确位置是竖直向上	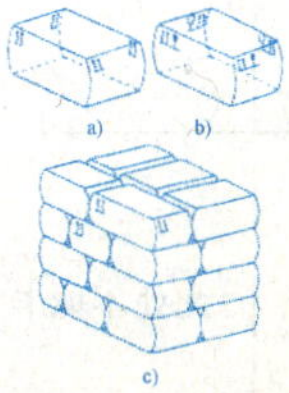 a) b) c)
4	怕晒		表明运输包装件不能直接照晒	

续表

序号	标志名称	标志图形	含义	备注/示例
5	怕辐射		包装物品一旦受辐射便会完全变质或损坏	
6	怕雨		包装件怕雨淋	
7	重心		表明一个单元货物的重心	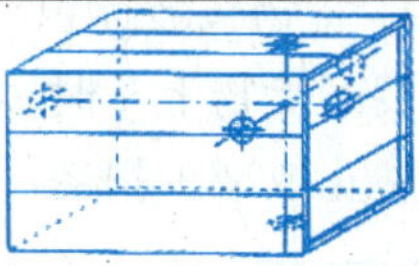 本标志应标在实际的重心位置上
8	禁止翻滚		不能翻滚运输包装	
9	此面禁用手推车		搬运货物时此面禁放手推车	
10	禁用叉车		不能用升降叉车搬运的包装件	
11	由此夹起		表明装运货物时夹钳放置的位置	
12	此处不能卡夹		表明装卸货物时此处不能用夹钳夹持	
13	堆码重量极限		表明该运输包装件所能承受的最大重量极限	

续表

序号	标志名称	标志图形	含义	备注/示例
14	堆码层数极限		相同包装的最大堆码层数，n 表示层数极限	
15	禁止堆码		该包装件不能堆码并且其上也不能放置其他负载	
16	由此吊起		起吊货物时挂链条的位置	使用示例：本标志应标在实际的起吊位置上。
17	温度极限		表明运输包装件应该保持的温度极限	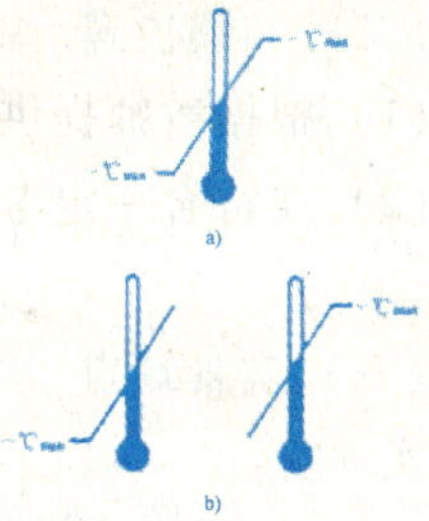

（二）点货下车

1. 点货下车

点货下车也称“下货验收”，是指配送人员将配送的货品运送到指定门店（或客户）后，将货品及单据与门店（或客户）进行交接的过程。

2. 点货下车的内容

门店工作人员或者客户按订单或者配送单对配送到店的货品进行验收。验收过程中如果发现任何的异常，就应进行相应的情况处理，并做好记录；如果没有任何的异常情况，则可进行签收。

3. 点货下车的步骤

点货下车的步骤如图 3 – 7 所示。

图 3 – 7　点货下车的流程图

二、情景模拟

新雅物流公司蔬菜配送部小张与他的员工一道，每天清晨总是按照客户的要求认真地备货后，将蔬菜装货上车，按照事先设计好的配送路线将货物及时地送达各高校并安全下货。

想一想：

（1）根据蔬菜的特殊性，蔬菜上车和下车验货时应该注意哪些问题？

（2）配送车上各校的蔬菜用什么区分？

三、训练项目：点货上车

（一）实训目的

（1）清楚点货上车作业的操作步骤；

（2）能独立填制点货上车所需的单据；

（3）会正确识别货物包装上的标志图形。

（二）实训内容

（1）根据教师提供的补充资料，在规定的时间内完成一定量的模拟点货上车作业；

（2）在符合一定考核标准的情况下完成货品的模拟点货上车作业。

（三）实训地点

实训室。

（四）实训工具

物流箱、纸箱、托盘、胶带等。

（五）实训过程

（1）学生分组，5～6人一组，自选组长。

（2）模拟为新雅物流公司制作点货上车所需的单据。

（3）模拟为公司发货做清点工序。

（4）模拟进行相关的货品出库和货品装车工作。

（六）实训指导

（1）讲解点货上车的流程。

（2）以某一类别的蔬菜为例为学生介绍上车点货的注意事项。

（七）训练时间

本训练项目需要4～6学时，其中理论回顾2学时，实操训练2～4学时。

（八）评价标准

点货上车评价标准如表3-10所示。

表3-10 点货上车训练评价表

评价等级	评价标准
优	送货单据准确齐全、填写正确、货品数量点对准确、签字确认到位、装车顺序正确，有递交出门证动作。
良	送货单据准确齐全、填写基本正确、货品数量点对准确，签字确认、装车顺序，递交出门证等环节中教师提示1项。
合格	能在教师帮助下完成送货单据准备、填制，货品数量点对准确，签字确认、装车顺序，递交出门证等环节中教师提示2项以上。

任务4 返品回收作业

一、理论回顾

（一）逆向物流

逆向物流有广义和狭义之分。狭义的逆向物流是指对那些由于环境问题或产品已过时的原因而对产品、零部件或物料回收的过程。广义的逆向物流除了包含狭义的逆向物流的定义之外，还包括废弃物物流的内容，其最终目标是减少资源使用，并通过减少使用资源达到废弃物减少的目标，同时使正向以及回收的物流更有效率。

小连接

回收物流与废弃物物流

2001年8月1日起正式实施的《中华人民共和国国家质量标准物流术语》中的所讲的“逆向物流”就是狭义的逆向物流，它不包括废弃物物流，具体表述如下：

“回收物流（returned logistics）是指不合格物品的返修、退货以及周转使用的包装容器从需方返回到供方所形成的物品实体流动。比如回收用于运输的托盘和集装箱、接受客户的退货、收集容器、原材料边角料、零部件加工中的缺陷在制品等的销售方面物品实体的反向流动过程。”

“废弃物物流（waste material logistics）是指将经济活动中失去原有使用价值的物品，根据实际需要进行收集、分类、加工、包装、搬运、储存等，并分送到专门处理场所时形成的物品实体流动。”

（二）返品回收

返品回收是指仓库按照订单或者合同将货物发出后，由于种种原因，客户要求进货品退回仓库的过程。

（三）返品回收的流程

返品回收的流程由准备退货单、退货验收及返品装车三步骤组成。

1. 准备退货单

门店或是客户需要进行退货时，需要先填写产品退货报告单（如表 3－11 所示），并将这张单据发送至物流中心，物流中心接收后由指定的人员进行审核，并签字验收，为下一步的工作提供基础。

表 3－11　　产品退货报告单

日期：　　年　　月　　日

客户全称					客户代码	
销售部填				财务部填	客户填	仓储部填
退货产品号码	退货产品名称	申请数量（箱）	产品购进时间	退货单价	实际退货（箱）	实际收货（箱）
	合计（大写）					

客户主管签名：______________　　日期：______________

＊如申请单有问题，请与语音信箱______________　　联系______________

______________1. 产品超过保质期

______________2. 对于需要使用条形码的客户，其条形码不可读

______________3. 批准的货物回收

______________4. 客户不能付款

______________5. 其他原因（请填写详细原因并提供有关证明）

第一联：财务存档	每二联：客户服务部存档	第三联：客户保存	第四联：运输联

2. 退货验收

退货验收包括货品检查、货品清点和货品签收三个步骤。货品检查主要是检查门店（或客户）所退商品是否达到物流中心的要求，包括保质期、外包装等内容。货品清点是按照退货单所填写的内容检查商品的数量、品种等等。货品签收是退货与收货双方依据退货单验收无误后，双方签字确认的过程。

3. 返品装车

收货方以门店（或客户）为单位将所退货物分隔放好，方便到库后的点收工作。

二、情景模拟

在送货的过程中，新雅物流公司的蔬菜配送部难免会遇到按订单将货物发出后，由于种

种原因，高校食堂退货的情况。

想一想：

(1) 面对退货情况时，如果你是公司的配送人员，你会如何处理？

(2) 是不是所有的退货业务都要无条件的同意呢？

三、训练项目：返品回收

(一) 实训目的

(1) 知道返品回收的操作步骤；

(2) 理解返品回收的工作方法；

(3) 会严格按照返品回收的返退标准进行相应的退货处理；

(4) 会根据不同企业要求填写相关退货表格。

(二) 实训内容

(1) 确定新雅物流蔬菜配送部的货品收退标准；

(2) 画出新雅物流蔬菜配送部的返品流程图；

(3) 清楚客户退货依据，理解客户意图。

(三) 实训地点

具有 Internet 的多媒体教室或实训室。

(四) 实训工具

计算机、投影仪、笔及白纸。

(五) 实训过程

(1) 学生分组，5~6 人一组，自选组长；

(2) 模拟为新雅物流蔬菜配送部制定退货标准；

(3) 画出该公司的退货流程；

(4) 明确工作人员的注意事项；

(5) 拟定岗位职责；

(6) 制作 PPT；

(7) 各组派代表说明设计意图。

(六) 实训指导

(1) 讲解典型的物流公司所制作的返品收退标准；

(2) 讲解典型的物流公司返品回收人员工作职责；

(3) 讲解典型的物流公司返品回收的流程。

（七）训练时间

本训练项目需要4~6学时，其中理论教学2学时，学生实训2~4学时。

（八）评价标准

返品回收评价标准如表3-12所示。

表3-12 返品回收训练评价表

评价等级	评价标准
优	能在规定时间内独立完成返品收退标准、返品回收工作人员主要岗位职责、返品回收流程。PPT说明课件编制与制作，文件格式正确。PPT说明课件图文并茂，机构组织结构逻辑性强等。
良	能在规定时间内完成返品收退标准、返品回收工作人员主要岗位职责、返品回收流程。PPT说明课件编制与制作，文件格式基本正确。
合格	能在教师帮助下完成返品回收模拟任务。

任务5　收班作业

一、理论回顾

收班作业是物流中心配送作业的最后环节，收班工作涉及的内容零散，却极其重要。收班作业主要涉及以下几个方面的内容：

1. 车辆返回

配送车辆返回配送中心，相关人员做好登记、检查、验收工作。

2. 入库交接

交接的货品分为两大类：一类是各门店（或客户）所退回的货物，这类货物进行交接时，接货员需要根据退货单逐个逐批的严格查验，并归入指定的货位。另一类货物是指送货时盛装货物的辅助物资，如：物流箱、托盘等等。

3. 在库点货

（1）根据出车单上的物流箱数量进行验收清点；

（2）根据退货单上的信息查验货品数量、规格等是否正确。

4. 交接单据及钥匙

相关工作人员（送货员或司机）向主管或调度室上交相关各类配送单据和车钥匙。

二、情景模拟

每天中午，新雅物流公司蔬菜配送部的货车就已完成配送任务回到公司，经过相应的交班工作和一定的休整之后为第二天的配送任务做好准备。

想一想：

（1）由于蔬菜的不易储存性，在客户退货以后公司应采用什么样的方式处理这些退品比较合理？

（2）收班工作时我们应该注意哪些问题？

三、训练项目：收班作业

（一）实训目的

（1）理解收班作业的意义；

（2）懂得收班作业的内容；

（3）会根据作业流程正确完成收班作业工作。

（二）实训内容

（1）确定新雅物流蔬菜配送部的收班流程；

（2）确定该公司的收班内容；

（3）模拟收班工作人员的交接手续。

（三）实训地点

实训室。

（四）实训工具

计算机、投影仪、笔、白纸、物流箱、纸箱、单证表格。

（五）实训过程

（1）学生分组，5～6人一组，自选组长；

（2）以小组为单位制定新雅物流公司蔬菜配送部收班流程；

（3）以小组为单位为该蔬菜配送部制定收班交接内容；

（4）确定主要管理岗位；

（5）拟定岗位职责；

（6）以小组为单位演示收班交接作业。

（六）实训指导

（1）通过讲解几类典型的物流公司收班作业时的注意事项，说明物流公司交单收班时的基本流程。

（2）指导学生分组制定蔬菜配送部收班流程及岗位职责、模拟演示。

（七）训练时间

本训练项目需要4学时，其中理论教学2学时，学生实训2学时。

（八）评价标准

收班作业的评价标准如表 3－13 所示。

表 3－13　　收班作业评价标准

评价等级	评价标准
优	能在 20 分钟内独立完成收班作业的流程设计、主要岗位职责制定，并能根据物流箱、纸箱等道具正确演示。
良	能在 30 分钟内独立完成收班作业的流程设计、主要岗位职责制定，并能根据物流箱、纸箱等道具正确演示。
合格	能在教师指导下 35 分钟内独立完成收班作业的流程设计、主要岗位职责制定，并能根据物流箱、纸箱等道具正确演示。

课后作业

一、单项选择题

1. 进货作业计划制订的基础和依据是（　　）与实际的进货单据，以及供应商的送货规律与送货方式。

A. 销售计划　　B. 退货计划　　C. 生产计划　　D. 采购计划

2. 在运输路线的选择上我们往往采用（　　）方法。

A. 做图法　　B. 经验选择法　　C. 节约里程法　　D. 常规选择法

3.（　　）是指物流中心的相关工作人员将单据与货品按照程序交接完成后，按顺序将客户的货品进行装车作业的过程。

A. 直接装车　　B. 点货上车　　C. 退货　　D. 点货下车

4. 在配送实务中我们所提到的返品回收其实就是（　　）的一部分。

A. 逆向物流　　B. 生产物流　　C. 销售物流　　D. 回收物流

5.（　　）是物流中心配送作业的最后环节。

A. 点货下车　　B. 返品回收　　C. 点货上车　　D. 收班作业

二、多项选择题

1. 进货前物流公司需要做好（　　　）准备工作。

A. 资金准备　　B. 储位准备　　C. 人力的安排　　D. 设备器材的准备

2. 常见的车辆调度方法有（　　　）。

A. 经验调度　　B. 自营连锁企业物流的车辆调度方法

C. 灵活调度　　D. 规律调度

3. 车辆调度应遵循的原则有（　　　）。

A. 就近原则　　B. 成本最小原则

C. 车辆最大容积率原则 D. 消耗最小原则

4. 点货上车需要处理的单据包括（ ）等。

A. 出车单 B. 送货单 C. 出库单 D. 销毁单

5. 配装的一般原则有：（ ）

A. “下重上轻”原则 B. “大小搭配”原则

C. “性质相近”原则 D. “性质相斥”原则

三、判断题

1. 有些商品通过铁路、公路、水路等公共运输方式转运到达，需配送中心从相应站港接运商品，对直接送达配送中心的商品，必须及时组织卸货入库。（ ）

2. 商品验收完毕，即通过搬运码放过程进入指定储位储存，进入上货阶段。（ ）

3. 汽车在运行过程中，有关的人（驾驶员、行人和装卸工人）、车辆、道路、运输对象和环境等因素处于经常变化而又互相影响和制约之中。（ ）

4. 经验调度是调度人员凭自己的经验和技巧安排车辆运行，并处理运行中发生的问题的一种极为罕见的车辆调度方法。（ ）

5. 配送中心与门店之间的最短距离的算法我们利用的是两点之间直线最短的原理。（ ）

四、简答题

1. 进货作业的原则有哪些？

2. 请写出进货作业的流程。

3. 通常情况下我们将货车分为哪几类？

4. 请写出返品回收的流程是什么？

项目4 运输作业

项目教学目标:

☐ 学会运输模式的选择

☐ 理解五种运输模式的作业

☐ 掌握运输合同的订立

项目教学学时建议:

课堂教学时: 7 学时

项目活动与实践: 8 ~ 10 学时

【案例阅读】

搏浪击水三十载 图强报国赤子心

伴随着改革开放的步伐,中远集装箱运输事业的面貌发生了历史性巨变,取得了令人瞩目的成就。公司的运力从 1978 年的 931TEU(以长度为 20 英尺的集装箱为国际计量单位,也称国际标准箱单位),发展到如今的近 50 万 TEU。营销能力不断提升,从 1978 年全年承运集装箱 2187TEU 到 2007 年承运了 766.3 万 TEU,成为综合服务全球领先的集装箱航运服务供应商。

1. 紧跟国际发展趋势全力发展集装箱运力

中远发展集装箱运输事业是从上海远洋运输公司(原名为中国远洋运输总公司上海分公司)开始的。当初,上海远洋运输公司只是将原有的杂货船、散货船进行改造,在船舶甲板上装载部分集装箱,与当时国际上使用的全集装箱船运输模式还存在较大差距。从 20 世纪 80 年代起,上海远洋运输公司紧跟国际远洋运输发展趋势,对船队结构进行大幅度调整,由过去单纯增加船舶吨位，逐步向船队结构的完善合理发展，增添集装箱船、多用途船，减少普通散杂货船。

2. 不断打造基于中国本土的全球运输网络

20 世纪 80 年代，全球集装箱航线基本上都被国际班轮公司控制着。中远发展集装箱运输事业伊始，便将运力提升与调整航线和运行组织工作同步启动、同步发展，实行定船、定线、定班期运行，开辟了基于中国本土的全球运输网络。进入 21 世纪以来，中远集运将目光瞄准航运业中的“高端服务”——快速交货服务（H. D. S.）——定时开航、定时到港、定时交货。实现船到港两小时后即可提货，将海运服务提升到准空运水平，从而吸引了一大批如三菱商事、AIT、TRADIA、NOHHI、日通运输等大型企业。

3. 科技创新为集装箱运输事业插上腾飞的翅膀

20 世纪 90 年代以来，随着计算机技术的迅猛发展，特别是信息技术的突破，无纸贸易、电子商务等技术对人类经济和社会生活的改变正如火如荼地进行着。公司也逐步在科学技术和信息系统建设上不断发力。

4. 弘扬爱国主义，树立诚信负责任企业的良好形象

中远集运坚持弘扬以“爱国主义”为核心的企业文化，致力于营销文化、服务文化、安全文化、廉洁文化的建设，并将先进的文化理念融入企业制度当中，精心打造企业的软实力。

几十年来，几代中远人以“求是创新、图强报国”的精神，使中远集装箱运输事业从无到有、由弱到强，克服了种种困难，用自己的心血和汗水打造了一支技术先进、性能优良、名列世界前茅的集装箱班轮船队，培养了一支思想好、作风硬、业务精的远洋人才队伍，为国家远洋运输事业和经贸发展作出了重要贡献。

想一想：

（1）中远集装箱运输公司是如何发展的？

（2）对你有什么启发？

任务1 运输模式选择作业

一、理论回顾

运输的概念

1. 运输

运输是用设备和工具，将物品从一地点向另一地点运送的物流活动。其中包括集货、分配、搬运、中转、装入、卸下、分散等一系列操作。

运输是人和物的载运及输送，有时专指物的载运和输送。它是在不同地域范围内（如两个城市、两个工厂之间），以改变物品的空间位置为目的的活动，对物品进行空间位移。

2. 运输的地位

（1）运输是物流的主要功能要素之一。

（2）运输是社会物质生产的必要条件之一。

（3）运输可以创造“场所效用”。场所效用的含义是：同种“物”由于空间场所不同，其使用价值的实现程度则不同，其效益的实现也不同。由于改变场所而最大发挥使用价值，最大限度提高了产出投入比，这就称之为“场所效用”。

（4）运输是“第三个利润源”的主要源泉。

3. 运输方式

运输方式是指为完成客货运输任务而采取的一定性质、类别的技术装备（运输线路和运输工具）和一定的管理手段。现代运输方式有铁路运输、公路运输、水路运输、航空运输和管道运输等。五种运输方式的优缺点及适用范围如表4－1所示。

表4－1　五种运输方式的优缺点

运输方式	优　点	缺　点	适用范围
公路运输	• 灵活性强，可以满足用户的多种需求 • 可以进行门对门的运输 • 公路建设期短，投资较低，易于因地制宜 • 可作为其他运输方式的衔接	• 运输量小，成本高 • 长距离运输运费较高	• 近距离独立运输作业 • 补充和衔接其他运输方式
铁路运输	• 可以满足大量货物一次性高效率运输 • 运输速度快，运输不大受自然条件限制 • 载运量大，运输成本低 • 事故相对较少，安全性高	• 灵活性差，只能在固定线路上运输 • 需要其他运输手段配合和衔接 • 近距离运输费用较高	• 大宗低值货物的中长距离运输和散装货物、罐装货物 • 适于大量货物一次高效率运输
水路运输	• 运量大、成本低 • 充分利用自然条件，节省投资建设	• 运输速度较慢 • 港口的装卸费用较高 • 受自然条件影响较大	• 适用于大批量货物，特别是集装箱运输 • 承担原料、半成品等散货运输 • 承担国际贸易运输
航空运输	• 运输速度快 • 不受地形限制	• 运费高 • 重量受到限制 • 受气候条件限制	• 适用于鲜活易腐等货物和紧急物资的运输 • 适用于高附加值、重量小，体积小的货物运输
管道运输	• 运输效率高，适合于自动化管理 • 采用密封设备，可避免货物散失、丢失 • 不存在运输设备在运输过程中产生的消耗 • 运输量大，可以大量连续不断运送的货物	• 运输对象受到限制 • 灵活性差	• 主要担负单向、定点、量大的气体、液体和粉状固体货物的运输

4. 运输方式的选择

如何选择适当的运输方式是物流合理化的重要问题。一般来讲，运输方式应根据物流系统要求的服务水平和允许的物流成本来决定，可以使用一种运输方式也可以使用联运方式。

在选择运输方式时，应考虑以下五种主要因素：

（1）货物品种。货物品种及性质、形状、单件重量、数量、危险性、变质性等都是选择运输方式的制约因素。例如，原材料等大批量的货物运输适合于选择铁路运输或水路运输。

（2）运输时间。运输时间必须与交货日期相联系。为保证运输时间，必须知道各种运输工具所需要的运输时间。根据运输时间来选择运输工具。

（3）运输成本。运输成本因货物的种类、重量、容积、运距不同而不同。运输工具不同，运输成本也会发生变化。在考虑运输成本时，必须注意运费与其他物流子系统之间存在着互为利弊的关系，选择运输方式时，不能只考虑运输费用，要根据总成本来决定。

（4）运输距离。一般200公里以内，选用汽车运输；200～500公里选用铁路运输；500公里以上选用船舶运输较为经济合理。

（5）运输批量。一般来说，15～20吨以下的货物用汽车运输；15～20吨以上的货物用铁路运输；数百吨以上的原材料之类的货物，应选择船舶运输。

在具体选择运输方式的时候，往往要受到当时运输环境的制约，而且也没有一个固定的标准。必须根据运输货物的各种条件，通过综合判断来加以确定。

二、模拟情景

新雅物流根据市场变化不断开拓其服务领域，首次承揽到3个集装箱运输业务，时间较紧，从上海到大连铁路1 200公里，公路1 500公里，水路1 000公里。新雅物流自有10辆10吨普通卡车和一个自动化立体仓库，经联系附近一家联运公司虽无集装箱卡车，但却有专业人才和货代经验，只是要价比较高。新雅物流对于零星集装箱安排落实车皮和船舱，实在心中无底。对该运输公司来说有以下几个选择：

（1）自己购买若干辆集装箱卡车然后组织运输；

（2）想法请铁路部门安排运输但心中无底；

（3）水路路程最短，请水运公司来解决运输；

（4）联运公司虽无集装箱卡车，但可租车完成此项运输；

（5）没有合适运输工具，辞掉该项业务。

想一想：

（1）你认为新雅物流应采取什么选择比较妥当？

（2）货代业务是指的什么业务？上网查一查相关知识。

三、训练项目：运输模式选择

（一）实训目的

（1）描述五种运输方式；

(2) 知道五种运输方式的优缺点;
(3) 会选择运输方式。

(二) 实训内容

(1) 准备上面的案例;
(2) 确定进行运输采取的措施;
(3) 完成分析总结报告。

(三) 实训地点

连接 Internet 的多媒体教室或实训室。

(四) 实训工具

计算机、投影仪、笔及白纸。

(五) 实训过程

(1) 学生分组,4 人一组,自选组长。
(2) 分析水路、铁路、公路三种运输方式的特点。
(3) 分析是自运货物还是找第三方物流公司运输货物。
(4) 分析后,确定进行运输采取的措施。
(5) 制作 PPT。
(6) 各组派代表讲解。

(六) 实训指导

(1) 讲解运输的概念和意义。
(2) 讲解运输的方式及其优缺点。
(3) 指导学生分组、制作 PPT 及讲解。

(七) 训练时间

本训练项目需要 2 学时。

(八) 评价标准

如表 4-2 所示。

表 4-2　运输模式选择训练评价表

评价等级	评价标准
优	能准确分析问题,并采取最佳的措施,完成分析总结报告,报告内容简明扼要,讲解流利。
良	能准确分析问题,并采取最佳的措施,完成分析总结报告。
合格	能在教师或同学的帮助下完成分析总结报告。

任务2 公路运输作业

一、理论回顾

（一）公路运输的概念

公路运输是指使用机动车辆在公路上运送货物的运输方式，是交通运输系统的组成部分之一。它主要承担短途货物运输。在地势崎岖、人烟稀少、铁路和水运不发达的边远和经济落后地区，公路为主要运输方式，起着运输干线作用。

（二）公路运输的特点

公路运输具有以下特点：

（1）机动灵活，适应性强；

（2）可实现“门到门”直达运输；

（3）在中、短途运输中，运送速度较快；

（4）原始投资少，资金周转快；

（5）运量较小，运输成本较高；

（6）安全性较低，对环境污染较大。

（三）公路运输运费

公路运输运费均以“吨/公里”为计算单位，一般有两种计算标准：一是按货物等级规定基本运费费率；二是以路面等级规定基本运价。凡是一条运输路线包含两种或两种以上的等级公路时，则以实际行驶里程分别计算运价。特殊道路如山岭、河床、原野地段，则由承托双方另议商定。

公路运费费率分为整车和零担两种，后者一般比前者高30%～50%。按我国公路运输部门规定，一次托运货物在2.5吨以上的为整车运输，适用整车费率；不满2.5吨的为零担运输，适用零担费率。如凡1公斤重的货物，体积超过4立方分米的为轻泡货物。整车轻泡货物的运费按装载车辆核定吨位计算；零担轻泡货物，按其长、宽、高计算体积，每4立方分米折合1公斤，以公斤为计费单位。此外，尚有包车费率，即按车辆使用时间（小时或天）计算。

（四）公路运输组织与经营

公路运输的组织和经营方式主要有以下四种：

（1）将车辆出租给用户定次、定程或定期使用。

（2）根据运输合同或协议派车完成运输任务，一般用于货物运输。

（3）组织定线、定站、定时的货运班车。货运班车是汽车零担货物运输的主要形式，因此一般为零担货运班车。

(4) 按用户托运货物的要求，调派、组织车辆合理运行。

二、模拟情景

小王中职毕业后，回到山东老家开办了养鱼场，专门饲养罗非鱼。罗非鱼是一种热带鱼类，具有生长快、肉质好、没有肌间刺的特点，深受广大消费者的欢迎。罗非鱼的另一个特点是最低致死温度为8℃～10℃，即使在10℃～15℃的温度也很容易冻伤，冻伤后的罗非鱼很容易得水霉病死亡。

5月份池塘水温已升到20℃以上，适宜罗非鱼的投入，小张从上海购买了3万尾罗非鱼苗，运距1 200公里左右，请新雅物流公司帮助运输。鱼苗运输的难点主要有两个：一是罗非鱼是热带鱼，运输时温度不能低于15℃，但水温又不能太高，水温太高会导致罗非鱼活动加剧，新陈代谢加快，容易引起缺氧；另一个是运输路途长，易发生交通事故、塞车等意外情况。

想一想：

(1) 如果你是新雅物流运输部负责人，应怎样安排这次运输活动？

(2) 如果你有卡车，如何帮助小王运罗非鱼苗？

三、训练项目：公路运输作业

(一) 实训目的

(1) 描述公路运输的概念、特点；

(2) 会根据客户需要组织与经营公路运输业务；

(3) 能写出公路运输实施方案。

(二) 实训内容

(1) 准备上面的案例；

(2) 明确公路运输组织与经营；

(3) 完成实施方案。

(三) 实训地点

连接Internet的多媒体教室或实训室。

(四) 实训工具

计算机、投影仪、笔及白纸。

(五) 实训过程

(1) 学生4人一组，自选组长；

(2) 分析这次鱼苗运输的难点；

(3) 分析在运输中应注意的问题；
(4) 确定采用何种容器运输鱼苗；
(5) 确定最终的实施方案；
(6) 制作 PPT；
(7) 各组派代表讲解。

(六) 实训指导

(1) 讲解公路运输的概念和特点；
(2) 介绍水产品的运输特点；
(3) 讲解水产品运输的组织与经营；
(4) 指导学生分组、制作 PPT 及讲解。

(七) 训练时间

本训练项目需要 2 学时。

(八) 评价标准

本实训评价标准如表 4-3 所示。

表 4-3 公路运输作业训练评价表

评价等级	评价标准
优	能准确分析难点，找出注意事项，完成实施方案报告，报告内容简明扼要，讲解流利。
良	能准确分析难点，找出注意事项，完成实施方案报告。
合格	能在教师或同学的帮助下完成实施方案报告。

任务3 铁路托运作业

一、理论回顾

(一) 铁路运输的特点

铁路运输具有安全程度高、运输速度快、运输距离长、运输能力大、运输成本低等优点，且具有污染小、潜能大、不受天气条件影响的优势，是公路、水运、航空、管道运输所无法比拟的。

1. 铁路运输的优势

主要体现在如下几个方面：

(1) 运输成本低、运输能耗低、等量换算周转量占用的资源最少；
(2) 经济辐射作用大；
(3) 铁路运输运力大，运送速度较快；

（4）铁路运输在若干领域具有不可替代性；

（5）安全性较好；

（6）对环境的污染较轻；

（7）铁路受天气影响小，可以全天候运行；

（8）铁路的调度指挥系统具有较高的权威性和先进性。

2. 铁路运输的劣势

主要包括：因受轨道线路制约，灵活性差；对石料、钢材和枕木等建筑材料的一次性投入较大；国家对铁路运输业实行严格管制，以双重目标要求铁路运输企业，市场主体地位不明确，既要实现社会目标又要完成经营目标。

（二）铁路运输的种类

铁路货物运输种类即铁路货物运输方式，按我国铁路技术条件，现行的铁路货物运输种类分为整车、零担、集装箱三种方式。其中整车适于运输大宗货物，零担适于运输小批量的零星货物，集装箱适于运输精密、贵重、易损的货物。

（三）铁路运输托运程序

（1）托运人到验货处验货，确认货物符合运输规定后，由验货人员将盖有人名章的托运单发给托运人；

（2）正确填写托运单，将品名、件数、到站、发货人、收货人等资料详细填写清楚，按照货物包装标准到打包处打好包装；

（3）持已填好的托运单到司磅处检斤过磅，由司磅员将货物的件数和准确数量用红蓝铅笔填写在托运单上，并盖人名章；

（4）持托运单到制票窗口制票，并交纳运费，得到绿色的提货联和红色的报销联。

二、模拟情景

2003 年 10 月 8 日，天津新洋公司以每公斤 1.76 元购葵花籽 34 650 公斤，共 770 件，委托天津火车站客货服务公司运输到南京铁路分局化鱼山火车站所属的芜湖西站，交安徽省芜湖市果品食杂公司收货。到站卸车时，收货人发现车厢内有严重异味，拒收货物。经查，该批货物车厢内的残存物中检出 3911（剧毒农药），含量为 3 591.6 毫克/公斤；在包装葵花籽的麻袋上检出 3911，含量为 100 毫克/公斤。后经铁路部门到站检查，发现该车皮于 2003 年 5 月 18 日曾装运过 3911。卸车后，该车皮被回送经洗刷消毒后又投入使用。天津新洋公司因此遭受经济损失，要求南京铁路分局化鱼山火车站赔偿全部损失，按货价、包装费及运费等共计 68 179.50 元。

想一想：

（1）化鱼山火车站是否承担赔偿责任？

（2）其他当事人是否有过失？有哪些过失？

三、训练项目：铁路托运作业

（一）实训目的

（1）描述铁路运输的特点、种类；
（2）办理铁路运输托运的程序。

（二）实训内容

铁路运输货物托运。

（三）实训地点

连接 Internet 的多媒体教室或实训室。

（四）实训工具

计算机、投影仪、单证、笔及白纸。

（五）实训过程

（1）学生 5 人一组，自选组长，分别扮演托运人、检验员、包装员、司磅员、制单员；
（2）熟悉铁路运输托运的程序；
（3）注意在运输活动中各方当事人的权利和义务；
（4）完成铁路运输货物托运。

（六）实训指导

（1）讲解铁路运输的概念和特点；
（2）讲解铁路运输货物托运程序；
（3）指导学生填写单证、分组、进行表演。

（七）训练时间

本训练项目需要 4 学时。

（八）评价标准

本实训评价标准如表 4－4 所示。

表 4－4 铁路运输作业训练评价表

评价等级	评 价 标 准
优	能快速理解任务并进入角色，合理分工，操作符合规范，能正确填写单证。
良	能合理的安排自己的任务，操作较规范。
合格	能在教师或同学的帮助下完成任务。

任务4　水路运输作业

一、理论回顾

（一）水路运输的特点

（1）受自然条件的限制与影响大。

（2）开发利用涉及面较广。

（3）对综合运输的依赖性较大。河流与海洋的地理分布有相当大的局限性，水路运输航线无法在广大陆地上任意延伸，故水路运输的充分开发利用，要与铁路、公路和管道等运输方式配合，并实行联运。

（二）水路运输的分类

根据航行水域的性质、范围等，可以将水路运输分为海运和河运两类。海运按其航行范围和运距，又分为沿海运输、近海运输和远洋运输。

（1）沿海运输。是使用船舶通过大陆附近沿海航道运送客货的一种方式，一般使用中、小型船舶。

（2）近海运输。是使用船舶通过大陆邻近国家海上航道运送客货的一种运输形式，视航程可使用中型船舶，也可使用小型船舶。

（3）远洋运输。是使用船舶跨大洋的长途运输形式，主要依靠运量大的大型船舶。

（4）内河运输。是使用船舶在陆地内的江、河、湖、川等水道进行运输的一种方式，主要使用中、小型船舶。

（三）海运出口货物托运程序

（1）制船期表。外运公司按月编印出口船期表，分发给各外贸公司及工贸企业，内列航线、船名及其国籍、抵港日期、截止收单期、预计装船日期和挂港港口名称（即船舶停靠的港口）。各外贸公司及工贸企业据此进行催证、备货。

（2）办理托运。外贸公司在收到国外开来的信用证经审核（或经修改）无误后即可办理托运。托运人按信用证或合同内有关装运条款填写“托运单”并提供全套单证，在截止收单期前送交外运公司，作为订舱的依据。

（3）领取装运凭证。外运公司收到有关单证后，即编制海运出口托运单，并会同有关船公司安排船只和舱位；然后由船公司据以签发装箱单，作为通知船方收货装运的凭证。

（4）装货、装船。外运公司根据船期，代各外贸公司往发货仓库提取货物运进码头，由码头理货公司理货，凭外轮公司签发的装货单装船。

（5）换取提单。货物装船完毕，由船长或大副签发“大副收据”或“场站收据”，载明收到货物的详细情况。托运人凭收据向有关船公司换取提单。

（6）发出“装船通知”。货物装船后，托运人即可向国外买方发出“装船通知”，以便对方准备付款、赎单、办理收货。

二、模拟情景

有一批货物共1 000箱，自A国港口装运至B国某港口，承运人签发了“已装船清洁提单”，但货运到目的港后，收货人发现下列情况：（1）少10箱货；（2）20箱包装严重破损，内部货物大部分散失；（3）50箱包装外表完好，箱内货物短少。

想一想：

（1）上述三种情况是否应属承运人的责任？

（2）办理海运搬运时如何避免货物货损？

三、训练项目：海运托运作业

（一）实训目的

（1）描述水路运输的特点、种类；

（2）能列出海运托运的程序。

（二）实训内容

模拟海运货物托运。

（三）实训地点

连接Internet的多媒体教室或实训室。

（四）实训工具

计算机、投影仪、单证、笔及白纸。

（五）实训过程

（1）学生分6~8人一组，自选组长，分别扮演外贸公司托运人、外运公司营业员、提货员、船公司管理员、仓库管理员、码头公司理货员、船长或大副；

（2）熟悉海运的托运程序；

（3）注意在运输活动中各方当事人的权利和义务；

（4）完成海运货物托运。

（六）实训指导

（1）讲解水路运输的概念和特点；

（2）讲解海运货物托运程序；

（3）指导学生填写单证、分组、进行表演。

（七）训练时间

本训练项目需要4学时。

（八）评价标准

评价标准如表4－5所示。

表4－5 海运托运作业训练评价表

评价等级	评价标准
优	能快速理解任务并进入角色，合理分工，操作符合规范，能正确填写单证。
良	能合理安排自己的任务，操作较规范。
合格	能在教师或同学的帮助下完成任务。

任务5 航空运输作业

一、理论回顾

（一）航空运输

航空运输是指使用飞机等航空器运送货物的运输方式，是国际贸易中的贵重物品、鲜活货物和精密仪器运输所不可缺少的。

（二）航空运输的特点

（1）速度快。快速加上全球密集的航空运输网络才能为鲜活商品开辟远距离市场，使企业和消费者享有更多的利益。运送速度快、在途时间短，也使货物在途风险降低，因此贵重物品、精密仪器也往往采用航空运输的形式。

（2）机动性大。飞机在空中飞行，受航线条件限制的程度比汽车、火车、轮船小得多。

（3）舒适、安全。航空公司的运输管理制度也较完善，货物的破损率较低，如果采用空运集装箱的方式运送货物，则更为安全。

（4）基本建设周期短、投资少。相距1 000公里的两个城市间建立交通线，若载运能力相同，修筑铁路的投资是开辟航线的1.6倍，铁路修筑周期为5～7年，而开辟航线只需2年。

（5）节约包装、保险、利息等费用。

（6）航空运输费用较其他运输方式更高，不适合低价值、体积庞大及大批量的货物。

（三）航空运输的分类

（1）从航空运输的性质出发，一般把航空运输分为国内航空运输和国际航空运输两大类。

（2）从航空运输的对象出发，可分为航空旅客运输、航空旅客行李运输和航空货物运输三类。

（3）包机运输。包机运输是指民用航空运输使用人包用公共航空运输企业的航空器进行载客或载货的一种运输形式，其特点是包机人需要和承运人签订书面的包机运输合同，并在合同有效期内按照包机合同自主使用民用航空器，包机人不一定直接参与航空运输活动。

（四）航空运输托运程序

（1）托运人托运货物应向承运人填交货物托运单，并根据国家主管部门规定随附必要的有效证明文件。托运人应对托运单填写内容的真实性和正确性负责。托运人填交的货物托运单经承运人接受，并由承运人填发货物托运单后，航空货物运输合同即告成立。

（2）托运人对运输的货物，应当按照国家主管部门规定的包装标准包装；没有统一规定包装标准的，托运人应当根据保证运输安全的原则，按货物的性质和承载飞机等条件包装。凡不符合上述包装要求的，承运人有权拒绝承运。

（3）托运人必须在托运的货物上标明发站、到站和托运人、收货人的单位、姓名和地址，按照国家规定标明包装储运指标标志。

（4）国家规定必须保险的货物，托运人应在托运时投保货物运输险。

（5）托运人托运货物，应按照民航主管机关规定的费率缴付运费和其他费用。除托运人和承运人另有协议外，运费及其他费用一律于承运人开具货物运单时一次付清。

（6）承运人应于货物运达到货地点后24小时内向收货人发出到货通知，收货人应及时凭提单到指定地点提取货物，货物从发出到货通知的次日起，免费保管3个月。收货人逾期提取，应按运输规则交纳保管费。

（7）收货人在提取货物时，对货物无异议，并在货物托运单上签收，承运人即解除运输责任。

（8）因承运人的过失或故意造成托运人或收货人损失，托运人或收货人要求赔偿，应在填写货物运输事故记录的次日起180天内，以书面形式向承运人提出，并附有关证明文件。

二、模拟情景

一批从北京运往东京的特殊货物，货运单号666—89783442，1件105公斤，计费重量117公斤，品名：花鼠。6月16日收运，并定妥当日航班，起飞时间早上9:30。由于飞机发生故障，推迟起飞时间。定于下午2:00装货。当天上午已将这批货物拖到停机坪，当天气温33℃，中午时分才将货物拉回仓库。由于花鼠经日晒时间太久，当通知托运人提回时，发现已死亡过半，取回后，由于受热过度，已全部死亡。

想一想：

（1）花鼠死亡责任应由谁来承担？

（2）如果你是托运人，如何避免损失？

三、训练项目：航空托运作业

（一）实训目的

（1）描述航空运输的特点；
（2）清楚知道航空运输种类；
（3）知道航空托运的程序；
（4）会填写相关表格。

（二）实训内容

航空货物托运。

（三）实训地点

连接 Internet 的多媒体教室或实训室。

（四）实训工具

计算机、投影仪、航空运输单证、笔及白纸。

（五）实训过程

（1）学生3人一组，自选组长，分别扮演托运人、承运人营业员、收货人；
（2）熟悉航空的托运程序；
（3）注意在运输活动中各方当事人的权利和义务；
（4）完成航空货物托运。

（六）实训指导

（1）讲解航空运输的概念和特点；
（2）讲解航空货物托运程序；
（3）指导学生填写单证、分组、模拟表演。

（七）训练时间

本训练项目需要4学时，理论学习2学时，实训2学时。

（八）评价标准

评价标准如表4－6所示。

表4－6　　航空托运作业训练评价表

评价等级	评价标准
优	能快速理解任务并进入角色，合理分工，操作符合规范，能正确填写单证。
良	能合理安排自己的任务，操作较规范。
合格	能在教师或同学的帮助下完成任务。

任务6 集装箱运输作业

一、理论回顾

（一）集装箱运输

集装箱运输是指以集装箱这种大型容器为载体，将货物集合组装成集装单元，以便在现代流通领域内运用大型装卸机械和大型载运车辆进行装卸、搬运作业和完成运输任务，从而更好地实现货物“门到门”运输的一种新型、高效率和高效益的运输方式。

（二）集装箱运输的特点

集装箱运输具有高效益（简化包装、减少货损货差、减少营运费用）、高效率、高投资、高协作及适于组织多式联运等特点。

（三）集装箱运输的组织

1. 集装箱货源组织

（1）集装箱货物。根据国家有关规定，集装箱的适箱货物为12个品类，即灯炮、仪器、小型机械、玻璃陶瓷、工艺品、印刷品及纸张、医药、烟酒食品、日用品、化工品、针纺织品和小五金等杂货，贵重、易碎、怕湿的货物均属于集装箱运输货物。集装箱货物从运输组织上分为整箱货和拼箱货两类。

（2）日常货源组织工作。集装箱运输对于货物的品种、数量、流向、时间都有着一定的要求。对于不同品种的货物要详细了解其尺寸、外形、重量和需要的集装箱类型及数量等；在流向上要提出货物到站、港，以便组织拼装货；在时间上按照运输作业的需要进行。日常货源的组织工作是一项十分重要又十分细致的工作，要产、运、销共同配合完成。

2. 集装箱运输工作组织

集装箱运输组织作业，可以分为发送作业、中转作业和交付作业三部分：

（1）发送作业是指在始发站装运之前各项货运作业，包括集装箱承运前的组织工作和承运后至装运前的作业。具体包括货主要明确使用集装箱运输的条件及有关规定，如必须在指定的集装箱办理站，按站内规定承运日期办理，办理站进行受理、审核、装箱等。

（2）中转作业是指集装箱运输除了由始发站至到达站的外，还有一部分集装箱要经过中转才能至到达站。中转站的任务是负责将到达中转站的集装箱迅速按去向、到达站重新配装继续发往到达站。

（3）交付作业是指装运集装箱的货车到货场后需要办理的卸车和向货主办理交付手续等工作，具体包括卸车作业、交付作业，铁路货运员根据车站的卸车计划及时安排货位，核对运单、货票、装载清单与集装箱箱号、印封号是否一致，需要逐箱检查，卸车；完毕后填写到达记录；最后，由货运室通知收货人。门到门的集装箱由铁路货运员与收货人代理共同核对箱号，检查箱体封印，确认无误后，填发门到门运输作业单，并在作业单上签收。

3. 集装箱的多式联运

集装箱运输是现代化发展的必然产物，集装箱运输的发展必须进行集装箱的多式联运，单一种运输方式的集装箱运输已经不能充分发挥集装箱运输的优越性，达不到最佳的效果。因此，组织铁路、水路、公路、航空多种运输方式的集装箱多式联运已成为现代化运输的必然产物。

二、模拟情景

在本项目任务1的模拟情景中，新雅物流公司最终选择请联运公司来承担此项任务，因为联运公司是第三方物流服务企业，进行集装箱运输比较稳妥。

想一想：

(1) 为什么新雅物流要请第三方物流公司进行集装箱运输？

(2) 在集装箱多式联运中第三方物流公司的优点体现在哪些方面？

三、训练项目：集装箱运输托运作业

(一) 实训目的

(1) 描述集装箱运输的概念、特点；

(2) 能知道集装箱运输的组织；

(3) 能列出集装箱运输托运的程序。

(二) 实训内容

完成集装箱运输货物托运。

(三) 实训地点

连接 Internet 的多媒体教室或实训室。

(四) 实训工具

计算机、投影仪、单证、笔及白纸。

(五) 实训过程

(1) 学生3人一组，自选组长，分别扮演托运人、承运人营业员、收货人；

(2) 熟悉集装箱运输的托运程序；

(3) 注意在运输活动中各方当事人的权利和义务；

(4) 完成集装箱运输货物托运。

（六）实训指导

（1）讲解集装箱运输的概念和特点；

（2）知道集装箱运输的组织；

（3）讲解集装箱运输货物托运程序；

（4）指导学生填写单证、分组、进行表演。

（七）训练时间

本训练项目需要4学时，其中理论学习2学时，模拟训练2学时。

（八）评价标准

评价标准如表4－7所示。

表4－7　集装箱运输作业训练评价表

评价等级	评价标准
优	能快速理解任务并进入角色，合理分工，操作符合规范，能正确填写单证。
良	能合理的安排自己的任务，操作较规范。
合格	能在教师或同学的帮助下完成任务。

任务7　签订运输合同

一、理论回顾

（一）运输合同

运输合同是承运人将货物运到约定地点，托运人或收货人支付票款或运费的合同。其特征有：运输合同是有偿的、双务的合同；运输合同的客体是指承运人将一定的货物运到约定地点的运输行为；运输合同大多是格式条款合同。

（二）运输合同范本

货物运输合同

订立合同双方：

托运方：____________________

承运方：____________________

托运方详细地址：____________________

收货方详细地址：____________________

根据国家有关运输规定，经过双方充分协商，特订立本合同，以便双方共同遵守。

第一条 货物名称、规格、数量、价款。

货物编号	品名	规格	单位	单价	数量	金额（元）

第二条 包装要求。托运方必须按照国家主管机关规定的标准包装；没有统一规定包装标准的，应根据保证货物运输安全的原则进行包装，否则承运方有权拒绝承运。

第三条 货物起运地点：__________

货物到达地点：__________

第四条 货物承运日期：__________

货物运到期限：__________

第五条 运输质量及安全要求：__________

第六条 货物装卸责任和方法：__________

第七条 收货人领取货物及验收办法：__________

第八条 运输费用、结算方式：__________

第九条 各方的权利义务。

一、托运方的权利和义务

1. 托运方的权利：要求承运方按照合同规定的时间、地点，把货物运输到目的地。货物托运后，托运方需要变更到货地点或收货人，或者取消托运时，有权向承运方提出变更合同的内容或解除合同的要求。但必须在货物未运到目的地之前通知承运方，并应按有关规定付给承运方所需费用。

2. 托运方的义务：按约定向承运方交付运杂费。否则，承运方有权停止运输，并要求对方支付违约金。托运方对托运的货物，应按照规定的标准进行包装，遵守有关危险品运输的规定，按照合同中规定的时间和数量交付托运货物。

二、承运方的权利和义务

1. 承运方的权利：向托运方、收货方收取运杂费用。如果收货方不交或不按时交纳规定的各种运杂费用，承运方对其货物有扣压权。查不到收货人或收货人拒绝提取货物，承运方应及时与托运方联系，在规定期限内负责保管并有权收取保管费用，对于超过规定期限仍无法交付的货物，承运方有权按有关规定予以处理。

2. 承运方的义务：在合同规定的期限内，将货物运到指定的地点，按时向收货人发出货物到达的通知。对托运的货物要负责安全，保证货物无短缺、无损坏、无人为的变质，如有上述问题，应承担赔偿义务。在货物到达以后，按规定的期限，负责保管。

三、收货人的权利和义务

1. 收货人的权利：在货物运到指定地点后有以凭证领取货物的权利。必要时，收货人有权向到站或中途货物所在站提出变更到站或变更收货人的要求，签订变更协议。

2. 收货人的义务：在接到提货通知后，按时提取货物，缴清应付费用。超过规定时间提货时，应向承运人交付保管费。

第十条 违约责任

不按运输托运单规定时间和要求配车发运的，由承运单位酌情赔偿损失；运输过程中货物灭失、短少、损坏，按货物的实际损失赔偿。托运方未按托运单规定的时间和要求提供托运货物，应偿付承运方实际损失的违约金。由于货物包装缺陷产生破损，因此造成其他货物和运输工具损坏，造成人身伤亡，托运方应承担赔偿责任。

附：结算单据等四张

本合同正本一式两份，合同双方各执一份；合同副本一式______份，送______等单位各留一份。

托运方：______	承运方：______
代表人：______	代表人：______
地址：______	地址：______
电话：______	电话：______
开户银行：______	开户银行：______
账号：______	账号：______
盖章：	盖章：

____年____月____日

二、模拟情景

小马是货车司机，3月份他购置了一辆货车，并将该车登记在新雅物流公司名下。4月1日，新雅物流公司与小马签订了一份车辆经营协议书，双方约定小马在车辆挂靠经营期间，每月向公司缴纳服务费150元，同年6月小马申领到营业执照。

6月22日，物美货运公司因有一批货物需要外运，经与小马联系，双方签订了运输货物合同书，对货物名称、装货单位、卸货地点、货物运价、付款方式、交货时间以及责任的承担等事项均作了明确约定。货物装载完毕后，小马驾车启运。在第二天的运输过程中，车辆燃起大火，虽经当地消防人员扑灭，但货物及车辆已被焚毁。后经消防部门认定，火灾起火部位位于车辆中上部，因现场破坏严重，致该起火灾原因难以查明。经核定此次火灾损失计59.64万元，其中货车损失9.6万元，货物损失50余万元。

事故发生后，作为托运方的物美货运公司向法院提起诉讼，请求判令小马及新雅物流公司赔偿损失46万元及施救费用。

被告新雅物流公司以自己不是该起运输合同承运人不应担责为由，要求法院驳回原告对其公司的诉讼请求。

想一想：

（1）想一想法院会如何判决？

（2）新雅物流公司是否为承运人？是否应承担连带赔偿责任？

（3）如果小马能证明该火灾系因不可抗力或货物自燃所造成，是否还应承担赔偿责任？

三、训练项目：订立运输合同

（一）实训目的

（1）描述运输合同的特征；

（2）了解运输合同各方当事人的主要权利和义务；

（3）知道运输合同包含的条款。

（二）实训内容

订立货物运输合同。

（三）实训地点

连接Internet的多媒体教室或实训室。

（四）实训工具

计算机、投影仪、笔、运输合同范本及各类运输单证。

（五）实训过程

（1）学生4~6人一组，自选组长；

（2）分别拟出水路运输合同、公路运输合同及航空运输合同；

（3）每组由1人扮演货主，1人扮演物流运输企业业务员，双方就签订运输合同进行谈判；

（4）每组另派1名同学参加其他小组模拟谈判旁听，记录合同缺陷；

（5）各组派代表相互点评。

（六）实训指导

（1）讲解运输合同的概念、特点；

（2）讲解运输合同中各方当事人的主要权利和义务；

（3）具体介绍运输合同的范本；

(4) 指导学生分组及模拟谈判，指导学生相互点评。

(七) 训练时间

本训练项目需要4学时，其中理论教学2学时，模拟训练2学时。

(八) 评价标准

本实训评价标准如表4-8所示。

表4-8　订立运输合同训练评价表

评价等级	评价标准
优	能在规定时间内独立完成合同的拟定，文件格式正确，条款齐全，并能流利的完成对其他小组的点评，点评没有歧义。
良	能在规定的时间内独立完成合同的拟定，文件格式正确，条款齐全，并对其他小组的演示活动进行点评。
合格	能在教师或同学的帮助下完成任务。

课后作业

一、单项选择题

1. 灵活性强，可以满足用户的多种需求的运输方式是（　　）。
   A. 铁路运输　　B. 公路运输　　C. 水路运输　　D. 航空运输
2. 运输距离在200~500公里之间可以选用（　　）。
   A. 铁路运输　　B. 公路运输　　C. 水路运输　　D. 航空运输
3. 下列选项中不属于航空运输特点的是（　　）。
   A. 速度快　　B. 舒适、安全　　C. 节省费用　　D. 可以运送大量货物
4. 运输效率高，适合于自动化管理的运输方式是（　　）。
   A. 铁路运输　　B. 公路运输　　C. 管道运输　　D. 航空运输
5. （　　）适于组织多式联运。
   A. 铁路运输　　B. 集装箱运输　　C. 管道运输　　D. 航空运输

二、多项选择题

1. 在选择运输方式时，应考虑的主要因素有（　　　　）。
   A. 货物品种　　B. 运输时间和距离　　C. 运输成本　　D. 运输批量
2. 按我国铁路技术条件，现行的铁路货物运输种类分为（　　　　）三种方式。
   A. 整车　　B. 零担　　C. 集装箱　　D. 拖挂
3. 海运按其航行范围和运距，可分为（　　　　）。
   A. 内河运输　　B. 沿海运输　　C. 近海运输　　D. 远洋运输
4. 从航空运输的性质出发，一般把航空运输分为（　　　　）两大类。
   A. 包机运输　　B. 国内航空运输　　C. 国际航空运输　　D. 航空货物运输

5. 下列货物适合采用集装箱运输的是（　　）。

A. 玻璃陶瓷　　B. 烟酒食品　　C. 针纺织品　　D. 仪器

三、判断题

1. 水路运输是承担国际贸易运输的主要方式。（　　）
2. 公路运输的安全性较高，对环境基本不造成污染。（　　）
3. 铁路运输中的零担适于运输精密、贵重、易损的货物。（　　）
4. 在航空运输中，凡是国家规定必须保险的货物，托运人应在托运时投保货物运输险。（　　）
5. 单一种运输方式的集装箱运输已成为现代化运输的主要发展趋势。（　　）

四、简答题

1. 简述五种运输方式的优缺点及适用范围。
2. 公路运输组织与经营有哪些种类？
3. 集装箱运输工作组织有哪些内容？

参考文献

1. 刘毅：《仓储管理实务》，机械工业出版社 2006 年版。
2. 蓝仁昌：《物流信息技术应用》，高等教育出版社 2005 年版。
3. 蓝仁昌：《仓储作业实训》，高等教育出版社 2007 年版。
4. 刘莉：《仓储管理实务》，中国物资出版社 2006 年版。
5. 蓝仁昌：《运输作业实训》，高等教育出版社 2007 年版。
6. 郑彬：《仓储作业》，高等教育出版社 2005 年版。
7. 郑彬：《物流法律法规》，高等教育出版社 2008 年版。